自信教育的课程实践与范例

以陈经纶中学团结湖分校为例

徐名松◎著

知识产权出版社

全国百佳图书出版单位

——北京——

图书在版编目（CIP）数据

自信教育的课程实践与范例：以陈经纶中学团结湖分校为例/徐名松著.—北京：知识产权出版社，2025.1.—ISBN 978-7-5130-9656-0

Ⅰ.G632.0

中国国家版本馆 CIP 数据核字第 2024G527G2 号

责任编辑：栾晓航　　　　　　　　　　责任校对：王　岩
封面设计：邵建文　　　　　　　　　　责任印制：孙婷婷

自信教育的课程实践与范例
——以陈经纶中学团结湖分校为例
徐名松　著

出版发行：知识产权出版社 有限责任公司	网　　址：http://www.ipph.cn
社　　址：北京市海淀区气象路 50 号院	邮　　编：100081
责编电话：010-82000860 转 8382	责编邮箱：4876067@qq.com
发行电话：010-82000860 转 8101/8102	发行传真：010-82000893/82005070/82000270
印　　刷：北京九州迅驰传媒文化有限公司	经　　销：新华书店、各大网上书店及相关专业书店
开　　本：720mm×1000mm　1/16	印　　张：16
版　　次：2025 年 1 月第 1 版	印　　次：2025 年 1 月第 1 次印刷
字　　数：260 千字	定　　价：88.00 元

ISBN 978-7-5130-9656-0

自信是个体心理素质的重要组成部分，同时也是提升个人精神品质和思想素质的基础。在中学生成长与发展过程中，自信教育具有不可忽视的重要意义。自信教育的目标应当是通过综合协调多种途径，培养中学生的个体自信心，使其能够在面对各种挑战时展现自信的纵横合力，从而增强精神品质与思想素质。

中国特色社会主义的核心价值观强调社会主义荣辱观，注重个体的社会责任感。自信教育不仅要让学生对自身有信心，还要引导他们将自信转化为为社会服务、为人民谋幸福的积极行动。这与中国特色社会主义追求全体人民共同富裕的目标相一致，为社会的可持续发展提供了有力支持。习近平在全国精神文明建设工作表彰大会上明确指出："我们要在全党全社会持续深入开展建设中国特色社会主义宣传教育，高扬主旋律，唱响正气歌，不断增强道路自信、理论自信、制度自信，让理想信念的明灯永远在全国各族人民心中闪亮。"这表明，自信对于国家的发展与繁荣至关重要。

中学生正处于从童年到成年的过渡时期，个性心理发展最快但还未成熟，心理学上称为"暴风骤雨期"。在这个阶段，中学生的心理结构、心理水平以及人格均处于变动状态，具有很强的可塑性和脆弱性。中学生的健康心理和健全人格对他们的成长与发展具有重要意义，而自信是健康心理和健全人格的重要方面。自信心对于中学生各种个性心理要素的存在和发展及其健全人格的形成具有重要的支撑作用。因此，对中学生进行自信教育是中学教育的必要组成，它可以有效增强其自信心，促进其各心理要素健康、持续、协调发展，帮助其维护心理健康，形成健全人格。

在当前社会环境下，中学生的心理问题越发凸显，自信教育显得尤为重要。学业、社交、家庭等方面的压力成为中学生心理问题的主要源头。自信教育通过培养中学生正确的学习观念、积极的自我激励意识，以及强化其社交技能和家庭关系处理能力，有助于其更好地应对生活中的各种挑战，缓解焦虑和社交压力，从而有效预防和解决心理健康问题。通过自信教育，能够使中学生更自信、积极地面对学业、社交、家庭等各方面的压力，为其全面发展提供坚实的心理支撑。

自信教育还有助于增强中学生的社交意向，优化他们的交往环境。中学生正处于社会化的重要阶段，良好的人际关系对他们的身心发展至关重要。通过自信教育，能够使中学生了解人际交往的重要性，化解人际交往中的畏难心理，增强人际交往的意愿和信心。正如人际关系学研究所言，自信的人往往更具吸引力，因为每个人都希望从自信的人身上得到积极的影响。因此，自信教育不仅能够促进中学生个人成长与发展，还能够营造良好的人际交往环境，提升个人交往魅力。

总之，对中学生进行自信教育十分必要，这不仅有助于维护其心理健康、形成健全人格，还能促进其身心成长，助推其成功获得理想人生。

《自信教育的课程实践与范例：以陈经纶中学团结湖分校为例》一书旨在通过陈经纶中学团结湖分校的案例，展示自信教育的理念，并探讨如何在课程和教学中对其进行有效地设计及实施。全书共分九大部分。在学校教育篇，该书主要围绕新课程理念下的学校育人实践及顺应国家教育发展和"双减"政策下的学校教育展开讨论。内容涵盖了教育改革、核心素养培育、国家教育发展、教师专业发展、学校发展、学生发展等多个方面，强调了自信教育、育人方式变革以及全面落地"双减"政策的重要性。在此基础上，该书为读者详细介绍了北京市陈经纶中学的历史沿革和该中学团结湖分校的教师情况及专业发展目标，让我们看到学校弘扬百年办学传统，推崇"一个学校，一个标准；一体管理，一体打造"的管理原则，致力于全人教育，培养个性化学生，体现了学校对高水平教学质量的追求和管理的精细化。在校长领导篇，主要阐释了校长的办学理念和治校理念，包括知与行，如何认识自信，如何成为一个阳光自信的人，如何通过选科培养学生的自主发展能力，以及对学校管理和课堂建设的理念分析与中学考试的理念遐想。在校长育人篇，主要介绍了陈经纶中学团结湖分校教师专业发展规划，强调了信息化校本研修在教师发展中的重要性，教师应以德育人，实现立德树人，通过结对子的师徒关系促进自身专业发展，阐明了学校三全育人的学校实践观、学生观、学习观、文化精神观和课程营养观。在自信教育篇，主要涵盖了学校办学的基本方向，包括坚持社会主义办学方向，落实立德树人根本任务等内容。强调了以党和国家事业发展为导向，培养全面发展、学有特长、自信阳光的新时代中学生，强调自信教育对学生全面发展、心理健康、抗压能力和社会化的重要性，以及学校和教师在培养学生自信方面的关键作用。在课程建构篇，该篇对学校课程建设进行了宏观分析，提出了自主课程建设的基本原则和学校课程建设的主题要素，展示了学校课程建设的支持系统，包括课程建设组织机构，课程实施管理制度和课程保障制度，并强调了对资源进行整合，实现校园信息化。在课堂教学篇，主要探讨了新课程改革下的课堂认识，强调将课堂作为学校教育的主要阵地，探讨了新课程下的课堂时空变革和课堂改革模式，强调自主学习的重要性，并着重讨论了自信教育与自主学习的关系。在跨学科主题篇，主要阐述了跨学科主题学习活动的研究价值，探讨了跨学科主题课程的内容与实践，包括课程结构、课程设置、课程资源以及具体课程如何实施。在反思与展望部分，给出了自信教育的实践反思和具体实践方法，自信教育与自主学习的融合实施，探索尝试，反思和未来展望。在教学设计案例部分，展示了两类教学设计范本，即人文素养类课程教学设计和自然科学素养类课程教学设计。

值得一提的是，在学校课程建设的宏观分析中，陈经纶中学团结湖分校从严格实施基础课程到初步构建三级课程，分段建设学校课程到如今的建构自主课程体系，每一个阶段、每一个为建设课程所做出的尝试，都是其他学校可以参考模仿的例子。在结合学校自身条件的情况下，产生了很多在实施时可以使用到的具体建议。而在学校课程建设的主题要素中，学校基于学生的发展需要提供一体化课程服务，对自主型课程进行研究与创新，打通了课内课外以开展综合实践为导向的学习，以竞赛、研究促学，助力拔尖人才的培养。将自主型课程的形式彻底打开，鼓励学生自主设计课程，不同年级不同学科设计不同课程，从戏剧到竞技囊括不同竞赛课程。这些课程涵盖三个层次和六个领域，具有动态性、开放性和综合性，体现了多学科、跨学科甚至超学科的特点。将自信教育放在不同的横向纵向融合课程中，能全方位地对学生进行自信教育。在教学设计案例部分，对人文素养类课程教学设计和自然科学素养类课程教学设计都给出了详细的教学参考。从案例导引到教学设计，从课程背景定位到课程内容，从学生情况到学生实际获得，这些内容为读者展示了一堂课应该具备的特质，需要关注的要点，以及学生在课堂中应得的收益。全书从课程构建到教学实施，全面阐述了如何通过自主课堂促进自信教育。这种详尽的教学设计案例不仅指导着教师如何设计课程以培养学生的自主学习能力和自信心，还强调了学生在学习过程中的主体作用，创造了一个充满启发和发现的学习环境。

　　该书观点鲜明，立意深刻。从自主学习理论出发，强调自主学习能力是一个人终身学习的关键技能之一，并指出一个具备自主学习能力的人能够自我驱动、自我监控、自我评价，从而更好地适应不断变化的社会环境和工作需求。自信教育是自主学习的永恒动力，在多年的实践探索中，陈经纶中学团结湖分校形成了独具特色的自信教育框架和自主课程体系。学校在"自信教育"目标与价值系统的指引下，绘制出一张"自信成长蓝图"，以"真正把青少年培养成为拥有'四个自信'的青少年"为目标，以"六大美德"为培养载体，努力构建学校育人系统，不断深化自信德育、自主课程和自主课堂，培养良性的师生关系，让课堂成为自信教育主渠道，为学生搭建自信成长平台。以提高学生自主学习能力为着力点，加强了集体科研建设，从学校的管法到教师的教法与学生的学法，结合校情，做了一些探索。以实践"教学三原则和教学四个关键抓手"为教研规范基础，提升课堂教学质量，尤其是认真学习经纶经验，加快管理的精细化，提高执行力，把事情做实了，把管理做狠了，以身作则，抓好管理，确保质量。

　　此外，陈经纶中学团结湖分校实施的"自信"教育是指以学生全面发展为核心，通过构建完备的"自主课程"育人体系、优化"自主课堂"教学模式，充分激发学生的主体发展意识，培养自主学习能力，提升个体发展自信品质，实现学生全面健康发展的教育理念和育人实践活动。书中提出的自主型课程设计强调了课内课外的一体化学习，以及以综合实践为导向的学习，打破了传统课程设置的束缚，鼓励学生根据兴趣和需求自主设计课程。书中还展示了跨学科、超学科的课程设计，有助于拓展学生的知识视野，培养其综合应用知识的能力。

　　可以说，全书将自信教育与自主型课程进行结合，对自主型课程进行研究与创新，让学生可以在多样化的自主型课程中接受到自信教育。为了增强实用性和可读性，除了基于理论的探讨外，本书还融入了陈经纶中学团结湖分校的丰富实践经验和案例分析。这些案例展示了该校的自信教育框架和自主课程设计，旨在为其他学校提供具体课程实施的实用建议。本书提供的两大类教学设计案例，从实际的课堂视角出发，真正将自信教育融入实际教学中。这些案例不仅提供了理论指导，更着重于实践操作，帮助教师们更好地理解如何将自信教育的理念贯穿于课堂教学中。通过结合自信教育和自主型课程的研究与实践，本书旨在为教育工作者提供全面的指导，帮助他们设计和实施能够激发学生自信心与自主学习能力的课程。陈经纶中学团结湖分校的经验和案例为读者提供了具体的参考，使理论与实践相结合，为教育领域的进步和学生全面发展提供了有益的启示。通过学习陈经纶中学团结湖分校的范例，可以为读者带来许多宝贵的经验。抓顶层设计，促学校建设"自主课程"体系；抓理念落地，促学校建设"自主课堂"教学模式；抓课堂质量落实，促课堂设计精细和创新。通过不断提高自主培养拔尖创新人才的自觉性与自信心，以开展基于自主学习的教与学方式研究为突破点，努力推进教育教学改革，积极探索具有校区发展特色的人才自主培养实施路径，帮助教师树立核心素养育人理念，促进教学观念的转变。丰富的实践案例和详尽的教学设计范本也为读者提供了具体可行的实施建议，加强了理论与实践的联系，使理论更具可操作性。

总的来说，本书的特色和创新点在于将自主学习理论与自信教育相结合，以培养学生自主学习能力和自信品质为目标，通过实践经验展示了一种全新的教育模式。不仅为教育理论的深入探讨提供了新的思路，同时也为教育实践提供了宝贵的借鉴和启示。

北京师范大学

张春莉教授

前　言

自信：教育的基石，成长的力量

苏格拉底曾说过，"一个人能否有成就，只看他是否具备自尊心与自信心这两个条件"。自信教育是培养学生积极自信心态和发展自我能力的重要教育理念，对于学生主体性成长和学校教育发展有多重促进作用。研究发现，自信心高的学生更容易积极参与课堂讨论和学校活动，表现出更强的主动性和责任感；更倾向于自主学习，展示积极的学习态度和学习动力等。自信教育对于学校教育发展也有积极促进作用，有研究发现，学校开展自信教育项目后，学生的自信心显著得到了提高，学校整体教育氛围也得到了改善，学校的整体教育质量和学生综合素养水平提高。

无论是国内还是国外，自信教育的发展与沿革都经历了一系列变化和探索。国外方面，自信教育的兴起可以追溯到 20 世纪末 21 世纪初。自信教育的关注点和着力点主要体现在以下几个方面：一是强调个人发展。许多国家的教育系统均提倡培养学生的综合素质和个人发展，其中包括自信心的培养。二是培养合作精神。国外一些学校注重培养学生的合作能力和团队精神，以增强学生的自信心。学生通过团队项目和小组合作学习等形式，互相支持和协助，提升自己的自信心。三是实践与实用技能培养。一些学校重视学生实践能力和实用技能的培养，致力于培养学生在现实生活中解决问题和应对挑战的能力。这些实践经验能够帮助学生在实际操作中感受到自己的能力和成就，增强其自信心。

国内方面，自信教育在中小学中的发展可以追溯到教育改革开放以后。中国的教育体系强调学术成绩的重要性，但随着社会的变革和教育理念的更新，越来越多的教育工作者开始注重培养学生的自信心和积极心态。自信教育在中小学的实践主要集中在以下几个方面：

一是教育理论与模式创新。学者和教育家倡导通过鼓励学生自主学习、提供积极评价和培养学生创造力等方式，来增强学生的自信心。一些教育机构也尝试将自信教育融入课程设计和教学方法中，以提升学生的学业成绩和个人发展能力。二是社会实践和活动推广。学校组织各类社会实践活动，帮助学生积累社会经验和提升自我管理能力，从而增强他们的自信心。例如，学生参与公益活动、担任班级干部或参加演讲比赛等，都可以培养其自信心和领导能力。三是心理辅导与培训。学校和社会教育机构提供心理辅导与培训课程，帮助学生认识自己的价值和能力，并提供实用技巧来调节情绪和应对困难，帮助学生塑造积极的自我形象并增强自信心。四是家庭与社区合作。学校与家庭、社区紧密合作，共同关注孩子的自信教育。学校与家长共同制订培养学生自信心的计划和策略，并提供指导和支持，以提高孩子在学校和家庭生活中的积极性并增强自信心。

总的来说，自信教育在国内外呈现出的发展与沿革趋势是相似的，都注重学生的全面发展和自我认知。学校通过培养学生的自信心，可以帮助其保持积极的人生态度，更好地应对学习和生活中的挑战，为其未来发展奠定坚实的基础。

自主课程是自信教育的产品，其主要强调学生在学习过程中的主动性和自主选择能力，北京地区在自主课程模式及其相关研究和实践方面进行了积极的探索与尝试。第一类是拓展课程：学校设置拓展或发展课程，鼓励学生根据自己的兴趣和特长选择学科或课程，培养其自主学习能力；第二类是项目学习：鼓励学生参与项目学习，自主选择项目主题、研究方法和实践活动，培养其问题解决能力、团队合作能力和创新意识；第三类是个性化学习：学校采用个性化的学习方法，根据学生的学习特点和需求，为其设计个性化的学习计划和课程内容，提供适合他们的学习资源和支持。在探索过程中，北京地区也涌现出了一些具有代表性的学校和实践。例如，北京师范大学附属实验学校提供了丰富多元的自主课程，包括拓展课程、艺术创造课程、科学研究课程、社会实践课程等。学生可以选择参加文学创作、数学建模、动物保护、地理探索等自主课程，通过深入研究和实践活动培养自主学习及问题解决能力。学校注重学科融合和跨学科学习，通过将不同学科的知识和技能融入自主课程，帮助学生形成全面发展的能力。同时也注重培养学生的创造力和独立思考能力，鼓励学生积极提出问题、解决问题和表达自己的观点。又如，北京市第一实验小学为学生提供了包括 STEM 教育、艺术与音乐、社会实践、健康与体育等多个领域的自主课程。学生可以根据自己的兴趣和特长选择参加不同的课程，通过参与实践和探索，培养自主学习能力和创新思维能力。学校注重培养学生的探究精神和实践能力，通过课堂实践、课外活动等方式，鼓励学生主动参与项目学习和实践活动。学校的自主课程设计更注重兴趣引导和问题探究，激发学生的学习热情和创造力。再如，北京外国语大学附属中学提供了包括语言学习、科学与技术、人文社科、艺术创作等领域的自主课程。学生可以根据自己的学科兴趣和发展需求，选择参加相应的课程，通过实践和深度学习可以获得学科知识与技能。这些学校在自主课程的设计和实践方面都有其独特之处，通过不同的课程内容和实践方法，提供了更加多元化和个性化的学习机会。这些实践经验为其他学校和教育者进行自主课程的开发与实施提供了宝贵的借鉴及启示，促进了学生的全面发展和卓越成长。

北京市陈经纶中学团结湖分校与上述学校相比，在多年的实践探索中，形成了独具特色的自信教育框架和自主课程内容。学校在"自信教育"目标与价值系统的指引下，绘制出一张"自信成长蓝图"，以"真正把青少年培养成为拥有'四个自信'的青少年"为目标，以"六大美德"为培养载体，努力构建学校育人系统，不断深化自信德育、自主课程和自主课堂，培养良性的师生关系，让课堂成为自信教育主渠道，为学生搭建自信成长平台。本书以陈经纶中学团结湖分校的实践为基础，分享了他们在自信教育方面的经验和范例。

本书首先介绍了学校教育的时代背景与校长办学理念，重点阐释了自信教育的历史沿革、本土化的内涵理解、学校文化与校长办学理念。随后，深入探讨了陈经纶中学团结湖分校在自信教育方面的课程设计和教学实施。通过详细的案例分析和丰富的实践经验，展示了学校在培养学生自信心方面的独特做法和成果。这些范例覆盖了不同年级和学科，并提供了有关如何设计和执行自信教育课程、开展自主课堂的实用建议。

全书不仅叙述了陈经纶中学团结湖分校的实践经验，更深入剖析了其影响实践发展的因素。显而易见的是，学校办学取得突破性成就源于以下几个方面：一是校长和管理团队对自信教育的高度重视与独到见解；二是教师团队的专业素养和教育理念的一致性；三是课程设计的创新和深入研究；四是课堂实施的策略、方法、工具与资源；五是学生家庭和社会资源的积极参与。

陈经纶中学团结湖分校作为一所普通中学示范校，是绝大多数学校实践探索的缩影。通过学习经纶团分的范例，可以获得许多宝贵的启示。一是要切实关注学生的主动性和参与度，鼓励学生主动参与学习和决策过程，激发学生的学习热情；二是关注不同学生的不同学习风格和兴趣，给予学生一定的选择权，使他们能够根据自身的兴趣和能力进行学习；三是提高学生的自主学习能力，鼓励学生在学习过程中主动探索、思考和解决问题，使他们在未来的学习和职业生涯中能够更好地独立学习及适应变化；四是注重跨学科学习和综合能力培养，通过将不同学科的知识和技能整合到实践中，促进学生更好地理解知识的关联性，并培养其综合分析、解决问题和创新的能力；五是注重实践和应用导向的学习体验，通过将所学知识应用到实际情境中，帮助学生将理论知识与实际运用相结合，加深对知识的理解和记忆等。

前途是光明的，道路是曲折的。我们已然看到在自主课堂的研究与实践中除了值得推崇和借鉴的外，还面临一些挑战，比如，如何量化和评估学生的自信心及其发展，如何将自信教育融入学校的教学和管理中，让其成为学校发展的一部分。这些挑战需要教育工作者、研究者和政策制定者共同努力应对。著名教育家杜威曾说过，"教育是一种包括科学在内的活动，正是在教育过程中，提出了更多的问题以便进一步研究，这些问题又反映到教育过程中去，进一步改变教育的过程，因此又要求更多的思想，更多的科学，循环往复以至无穷"。接受教育的规律，正视改革的曲折，坚定地为了学生的成长持续不断地实践、思考、再实践、再思考。以上，与诸位教育同人共勉。

2023 年 12 月于北京

目　录

第三部分　校长育人篇

第四部分　自信教育篇

第五部分　课程建构篇

第六部分　课堂教学篇

第七部分　跨学科主题篇

第八部分　反思与展望

第九部分　教学设计案例

第一部分

学校教育篇

第一章　学校教育的时代背景

第一节　新课程理念下的学校育人实践

一、学校教育改革的时代需要

从时代诉求来说，强调"教育改革要坚定文化自信"意味着在教育改革的过程中，我们要在传承中华优秀传统文化的基础上吸收和借鉴世界其他文化的精华。

从学校发展来说，学校在完成国家规定的教育任务的过程中，用自信教育的理念统领学校各项工作，通过较长时间的实践积淀，逐渐形成优质、特色的办学风貌，从而使上至校级领导，下至全体师生对该理念有正确的理解和普遍的认同，并在各自的工作和学习中自觉地践行。

二、培育核心素养的社会需要

2016 年 9 月，《中国学生发展核心素养》正式发布。其以培养"全面发展的人"为核心，分为文化基础、自主发展、社会参与三个方面，综合表现为人文底蕴、科学精神、学会学习、健康生活、责任担当、实践创新六大素养，具体细化为国家认同等十八个基本要点。学生发展核心素养要求学生具备核心素养，具备自信人格。

2020 年中共中央办公厅、国务院办公厅印发了《关于全面加强和改进新时代学校美育工作的意见》（以下简称《意见》），就全面贯彻党的教育方针，加强和改进新时代学校美育工作提出三项原则："坚持正确方向"——引领学生树立正确的历史观、民族观、国家观、文化观，陶冶高尚情操，塑造美好心灵，增强文化自信；"坚持面向全体"——健全面向人人的学校美育育人机制，缩小城乡差距和校际差距，让所有在校学生都享有接受美育的机会；"坚持改革创新"——全面深化学校美育综合改革，形成充满活力、多方协作、开放高效的学校美育新格局。由此可见，国家要求学生具备"文化自信"，从而要求学校加强和改进美育工作。

综上，国家要求学生具备自信人格，增强文化自信，树立正确的文化观和历史观，因此学校在日常教学活动中需要采取措施，加强对学生核心素养的培育。由此，提倡自信教育是回应培养德智体美劳全面发展的社会主义建设者和接班人的社会需要。

三、学生健康成长的个性需要

学生能否成才与其性格息息相关，健康良好的性格有利于学生成长成才，偏狭的性格则往往会对孩子的成长造成负面影响，以考试为标杆、以成绩为唯一判断标准的教育需要改革和调整。周文彪教授在对安徽安庆、江苏南京等地47所普通中小学和1所985高校3000余名学生的调查中，发现了重视表面成绩、轻视内在全面养成导致性格偏差的一些端倪：90%的学生认为学习的目的就是"考个好分数，考个好学校"；85%的学生"对目前教师所讲授的内容不感兴趣"；68%的学生认为"只要成绩好，将来就能找份好工作"；30.8%的学生认为"学习不用实现什么理想，考试'及格'就行"。由此，在全面实施素质教育的今天，应该把培养青少年学生健康良好的性格作为育人重点，摆放到各方教育的关键环节中。

第二节　顺应国家教育发展和"双减"政策下的学校教育

一、国家教育发展的时代要求

党的十八大对全党提出了坚定中国特色社会主义道路自信、理论自信、制度自信的政治要求，"三个自信"成为当代中国政治理论研究的热点问题，理论界对此展开了如火如荼的研究和阐释。其后，习近平总书记提出在"三个自信"基础上"还要加一个文化自信",形成了以"四个自信"为核心的中国特色社会主义自信思想。自信不能自发形成,尤其是坚定自信很大程度上需要依靠宣传和教育,因此,坚定中国特色社会主义自信教育研究具有重要理论意义。

习近平总书记在全国教育大会上强调,要坚持中国特色社会主义教育发展道路,培养德智体美劳全面发展的社会主义建设者和接班人。教师作为人类文明的传承者,承担着传播知识、传播思想、传播真理,塑造灵魂、塑造生命、塑造新人的时代重任。在建设社会主义现代化强国的进程中,对教师队伍建设提出了新的更高的要求,加强自信教育研究也成为当前国家教育发展的重要任务之一。

二、教师专业发展的需要

教师的职业特性源于他们所肩负的社会使命,因此,教师必须具备职业自信、专业自信和发展自信。在职业生涯中,教师应持续加强职业认同感,并通过高尚的道德品质与专业素养、良好的个人形象及行为典范来影响学生并促进自身成长,从而真正成为学生的楷模。正如肖川博士在其著作《教育的使命与责任》中所述:"缺乏使命感的教育是盲目的,缺少责任感的教育则是肤浅的。"真正的教育不仅需要注重效率与效益,而且需要具备灵魂,以及坚定且明确的价值追求。随着经济全球化的深入发展,教师这个职业已不再局限于"只要有知识就能教学"的阶段,而是进入了要求具备专业精神、专业知识、专业技能、专业自主权以及专业发展能力的专业化时代。教师的专业化发展已成为推动国家与民族复兴的关键因素之一。

三、学校发展的需要

习近平总书记在党的十九大报告中明确指出:"文化是一个国家、一个民族的灵魂。文化兴国运兴,文化强民族强。没有高度的文化自信,没有文化的繁荣兴盛,就没有中华民族伟大复兴。要坚持中国特色社会主义文化发展道路,激发全民族文化创新创造活力,建设社会主义文化强国。"

校园文化是社会文化的重要组成部分,是在学校这一特殊环境下形成的独特的文化形式,是全体校园人在长期的学习、生活和工作中逐渐形成的稳定的价值取向、道德规范和行为方式的总和，是一种团体意识，是维系学校团结的一种精神力量。大力发展校园文化，为社会培养合格的人才，不仅是国家兴旺发达的必要前提，同时也是思想政治教育的目标指向。校园文化作为思想政治教育的重要途径，只有保证传播先进的思想和正确的价值观念，才能保证学校持续稳定地向前发展。同时，在优秀校园文化潜移默化的影响下，民族精神与传统文化也能得到传承。①

自 2019 年 4 月 19 日校区正式挂牌起，我校由朝阳区一所普通中学示范校正式加入陈经纶中学教育集团，走上了学校发展的快车道。现在的北京市陈经纶中学团结湖分校是在原来的团结湖三中、呼家楼中学、水碓子中学三所学校三次整合之后纳入陈经纶中学教育集团。随着学校办学规模的不断扩大、教师队伍的壮大和生源的增加，学校的校园文化面临校区整合后的融合，如何把三个校区的历史文化积淀和优良的校风、学风、教风融入集团校园文化中，并形成校园文化特色，把干部、教师和学生凝聚成为一个新的集体，是学校发展的核心要点。

四、学生发展的需要

当前教育正在经历从"前喻时代"向"后喻时代"的转变，信息技术的快速发展极大地扩展了学生获取信息的途径。这使得学生课外知识的积累增多，探索能力不断增强，好奇心和求知欲也随之变得更为强烈，因此社会对知识渊博的教师的需求日益增长。在这种背景下，新时代的学生迫切需要教师不仅拥有专业的学科知识，还具备广泛的通识背景，即"通才+专才"的复合型教师。

新一轮的基础教育课程改革已经实施多年，判断其成功与否的一个重要标准在于其能否让学生感到学习的快乐、生活的愉快，以及能否激发他们的求知欲。自信教育理念提倡将积极心理学融入多元化的适宜教育，旨在构建一个积极健康的教育环境，包括社会、家庭和学校等各个层面。这种教育模式强调全员参与、全程关注、全方位支持的育人机制，为学生的全面发展创造有利条件。

---

① 高彩霞. 高校校园文化建设研究［D］. 中北大学，2016.

同时，教育过程应注重理论与实践相结合，德育与心理教育相结合，遵循人的自然发展规律，培养学生的积极情感体验，提高他们的主观幸福感，增强心理韧性和积极情绪。通过激发和强化学生的现有能力和潜能，并使其成为习惯性的行为方式，来塑造学生的积极人格特质。① 最终实现"育人心灵，以心导人，科学育人"的目标。

五、全面落地"双减"政策，主动探寻学校课程改革和育人方式变革

2021 年 7 月，中共中央办公厅、国务院办公厅印发《关于进一步减轻义务教育阶段学生作业负担和校外培训负担的意见》，"双减"政策正式出台，学校教育要从"培养什么人、怎样培养人、为谁培养人"的高度出发，全面贯彻落实党的教育方针，着力构建全员育人、全过程育人、全方位育人的工作体系，主动探寻学校课程改革和育人方式变革，减轻儿童的成长压力和身心负担，关注儿童的全面健康可持续发展，让儿童有能力从当下的现实生活逐渐走向未来的可能生活，帮助其获得一生的可持续发展，这也是立德树人的应有之义。

"双减"在重塑学校教育生态的同时，也为立德树人提供了实施可能，还为开展青少年党史学习教育提供了实践空间。主要体现在以下几个方面：

一是"双减"政策出台的渐进历程。"课后服务内容主要是安排学生做作业、自主阅读、体育、艺术、科普活动，以及娱乐游戏、拓展训练、开展社团及兴趣小组活动、观看适宜儿童的影片等，提倡对个别学习有困难的学生给予免费辅导帮助。"坚决防止将课后服务变相成为集体教学或"补课"。二是减轻过重课外负担式的培训规范阶段。针对"校外培训机构违背教育规律和青少年成长发展规律，开展以'应试'为导向的培训，造成中小学生课外负担过重，增加了家庭经济负担，破坏了良好的教育生态，社会反映强烈"的现状，目的在于"切实减轻中小学生过重课外负担，促进校外培训机构规范有序发展"。三是"双减"后的学校育人主阵地回归阶段。让教育回归到校园主阵地中来，课内和课后课程一体化设计，落实课后服务。它是以形成社会主义核心价值观为核心，以培养创新精神和实践能力为重点，逐步构建课

---

① 林伟庆."多元适宜教育"的理论与实践探究［J］. 课程·教材·教法，2018（02）：25-33.

内与课外结合、课上与课下配合的互补体系，实现学生的健康成长、全面发展。

为全面推行素质教育，国家基础教育课程改革在顶层设计上引入了"课程—教学思维"，其中一个重要的标志就是编制国家课程标准。这是我国首次系统地采用"课程—教学思维"，但由于教师课程知识储备不足和课程研究基础薄弱，一些学科的课程标准，特别是在"内容标准"部分，未能完全摆脱以往"教学大纲"的局限。加之教师培训未能有效帮助教师建立起"课程—教学思维"，在实践中，"教育—教学思维"仍然占据主导地位，[①] 导致以一个完整"人"的形象为基础的层级化目标体系未能得到有效实施。

为了解决这些问题，新的课程改革方案和课程标准围绕"为谁培养人、培养什么人、怎样培养人"的根本问题，按照新时代党和国家对教育的新要求，确立了一个层级化的"树人"目标体系。新课程标准摒弃了过去的"双基目标"和"三维目标"，转而从学科的本质出发，提炼每门课程要培养的核心素养，强调培养学生正确的价值观、必备品格与关键能力，并以此为核心，构建了以核心素养为导向的课程目标、内容要求与学业质量标准。新课程标准运用"课程—教学思维"建构了一致性、层级化、可操作的素养导向的"目标一族"，[②] 确保这些目标既具有宏观指导意义，又能在具体实践中得以落实，为实现立德树人的根本任务提供了清晰的路径和实践依据。

深化课程改革是一项系统工程，不仅要设立"新目标"，重组"新内容"，还要推进"新教学"。从学生的角度出发，"新教学"的关键是学习方式或育人方式的变革。2001 年的课程改革明确提出"过程与方法"目标，强调关注学习过程与方法，提倡"自主、合作、探究"的学习方式，极大地促进了课堂教学的转型，打破了"一言堂""满堂灌"的传统课堂模式，使学生更加积极地参与到课堂活动中，课堂氛围变得更加活跃。尽管这是一个重要的进步，但从"育人"的角度来看，这只是达到了阶段性的目标。

以"探究"为例，尽管课堂中的探究活动变得普遍，但"虚假"探究的

① 崔允漷. 借助"新方案""新课标"开创义务教育课程改革新局面 [J]. 中国基础教育，2022 (10)：66-70.

② 崔允漷. 借助"新方案""新课标"开创义务教育课程改革新局面 [J]. 中国基础教育，2022 (10)：66-70.

问题依然存在，结果仅仅是表面上改变了学习方式，而未能达到实质性的育人效果，其根本原因在于缺乏学科实践。因此，新的课程改革方案和课程标准强调学科育人和实践育人，探索与核心素养目标和课程内容结构相适应的学科典型学习方式，推动以学科实践为标志的育人方式变革。例如，地理学科强调地理实践的重要性，反对仅停留在理论层面的学习方式，提倡采取实地考察的方式学习地理，以培养学生的地理实践能力和人地协调观；历史学科则以"史料实证"作为典型学习方式，以培养学生的唯物史观、时空观念、历史解释能力和家国情怀。每个学科都在努力从学科本质出发，使用本学科的语言来表达和落实新课程的理念，确保"自主、合作、探究"的学习方式真正融入学科实践之中，从而实现学习方式变革的育人价值。①

---

① 崔允漷. 借助"新方案""新课标"开创义务教育课程改革新局面［J］. 中国基础教育，2022（10）：66-70.

第二章 学校的历史沿革

北京市陈经纶中学始建于 1921 年，至今已有 103 年的历史，是北京市朝阳区建校时间最久的一所学校。陈经纶中学目前是 1 校 11 所分校 25 个校址，呈现集团化办学，涵盖了从小学至高中的 12 年基础教育。学校实施一体化管理，统抓统管齐步走，为朝阳区人民提供了更多的优质教育资源。

学校秉承"为孩子们办学"的办学传统和"老实、宜强、勤奋、创新"的学校精神，以"一个学校，一个标准；一体管理，一体打造"的管理原则推进学校集团化办学，全力打造"经纶优质教育品牌"，争办人民最满意的学校。在"建设个性化学校，成就个性化教师，培养个性化学生"的办学理念下，实施"全人教育"，促进学生全面成长。

陈经纶中学团结湖分校是一所公立完全中学，初、高中部一校两址分址办学。学校交通便利，地理位置优越，校园布置和谐，环境优美，硬件设施齐全。学校始终坚持质量立校、科研兴校，坚持自信教育办学特色，办学质量逐年提升。

1. 学校第一次整合，办学转型升级

2006 年 12 月，原北京市团结湖三中和北京市原水碓子中学整合，被命名为北京市团结湖第三中学。

原水碓子中学成立于 1976 年，初始阶段为初中校；从 1979 年起增加了普通高中教学，成为一所完全中学；1984 年起转为职业高中；2020 年 9 月，由于国家教育形势的转变，需要扩大普通高中招生比例，学校改为普通高中办学。

原北京市团结湖第三中学始建于 1980 年 5 月，1981 年 7 月开始招生，为城市普通中学；2004 年 4 月，学校被命名为"北京市朝阳区普通中学示范校"；2007 年 3 月，学校与北京市水碓子中学合并，被命名为北京市团结湖第三中学，成为一所完全中学。学校分为两址办学，高中部在团结湖中路 8 号，初中部在水碓子东路 14 号。学校的第一次整合是将原有高中校和初中校整合在一起，成为一所完全中学，实现了学校办学的转型升级。

2. 学校第二次整合，壮大高中教育

原北京市呼家楼中学始建于 1960 年，其前身是北京市八十中学分校，为完全中学。2011 年 4 月，原北京市呼家楼中学高中部整合并入原北京市团结湖第三中学高中部，实现了学校的第二次整合，壮大了学校高中部的办学规模。

3. 学校第三次整合，加入名校集团

2019 年 4 月，按照朝阳区优质教育资源整合工作要求，原北京市团结湖第三中学和原北京市呼家楼中学整合后，加入北京市陈经纶中学教育集团，被命名为北京市陈经纶中学团结湖分校（以下简称经纶团分）。按照陈经纶中学教育集团"四个一"即"一个学校，一个标准；一体管理，一体打造"的管理要求，经纶团分迈入高质量发展轨道。

经纶团分现在已经基本形成办学规模大、师资力量强和群众满意度高的办学特点。目前学校有 40 个教学班，在校学生 1600 余人，教职工 160 多人。学校以提高学生自主学习能力为着力点，加强集体科研建设，从学校的管法到教师的教法与学生的学法，结合校情做了一些探索。以实践"教学三原则和教学四个关键抓手"为教研规范基础，提升课堂教学质量，尤其是认真学习经纶经验，加快管理的精细化，提高执行力，把事情做实，把管理做细，从自身做起，抓好管理，提升办学质量。

第二部分

校长领导篇

第三章　校长办学理念阐释

老师，是父母之外孩子们最喜爱、最尊敬和最信赖的人，有没有阳光，我们都想办法让孩子们灿烂。我是老师我骄傲！

——第34个教师节与同仁共勉

学校的管理原则调整为法理、合理、情理。法理在先，依法严格管理是基础，是关键。

"管"是控制，是赢得人心、抓住人心向背这个关键问题；是解决统一认识问题；是解决最根本动机、动力问题；是解决格局、格调、品味问题；是解决思想觉悟问题，突出管理的艺术性。

"理"是引导，是依照事物的道理与社会的法理、情理、伦理；是解决标准、品质问题；是解决条理、秩序、效率问题；是最终解决水平高低问题，突出管理的科学性。

第一节　自信教育知与行

科学家爱迪生说："自信是成功的第一秘诀。"大文豪萧伯纳说："有信心的人，可以化渺小为伟大，化平庸为神奇。"自信对人的自我实现有着不可替代的作用，可以这样说，教育的目标就是培养孩子的自信心。

自信是人类内在的基本需求之一，只有这种需求得到充分满足，个人才能够实现更加健全和充分的发展。现代心理学与教育学的研究成果显示，自信心对于个体一生的发展至关重要，无论是在智力、体力方面，还是在社交能力方面，其都起着基石般的支撑作用。① 值得注意的是，个体的自信心虽有一小部分受到遗传因素的影响，但大部分还是由环境和教育塑造而成。因此，环境和教育在个体自信心的形成和增强中扮演着不可替代的角色。

自信教育不仅符合素质教育的理论要求，而且有助于培养和发展学生的核心素养。通过自信教育，学生能够更好地认识自己、信任自己的能力，并在此基础上发展出更多的积极品质，如责任感、创造力和社会交往能力等，这些都是核心素养的重要组成部分。这样的教育模式不仅有助于学生个人的成长和发展，也为他们未来成为国之栋梁奠定了坚实的基础。一个充满自信的孩子，一定能够得到充分发展，因为自信的人，其潜能与天赋能够很快被发现，他总是敢于尝试各种事情，在尝试中他能够找到生命中最好的感觉，而这种感觉会把他带到一个非常有利于其成长的环境中去。相反，一个充满自卑的孩子，他的生命处于一种被动消极状态，他会胆小如鼠、畏首畏尾，渐渐地会把自己包裹起来，与外界隔绝，因为害怕失败，所以什么也不敢去挑战，过度依赖父母、老师、朋友，不敢独立自主，不敢主动担当。由此可见，自信教育是多么重要。

经纶团分地处北京 CBD 辐射区，其虽是高完中，但两个校区面积都不大，生源状况也不理想，教学成绩参差不齐。随着"非首都功能"的进一步排解，借读学生人心浮躁，最需要安定和信心。借鉴在职高当校长的办学经验，更倾向于办"自信教育"，希望能够全面、完整、深入地实现"让每个学生都充满自信"的教育理想。

一、多元启智为自信奠基

经纶团分为全面落实国家义务教育课程计划和高中阶段课程计划，结合学校"以人为本、全面发展、立德树人"的办学理念，进行重组与创新，实行国家课程、地方课程、校本课程、发展性课程相结合的课程体系，推行"因材施教、以学定教"的新型教学模式。在教学中，尊重学生的主体地位，融入多种学习方式，使课堂学习内容丰富、富有创造性和生命活力。同时全方位整合校内外资源，设置了涉及文学与艺术、人文与社会、科学与创新、

---

① 卢敏. 幼儿自信心培养的实践研究 [J]. 新课程学习（上），2014（03）：88-90.

技术与生活、体育与健康五类 30 余门校本选修课程。

在课堂教学方面，我们提倡遵循以下几个方面的原则，以促进学生全面发展和个性化成长：

（1）知识能力线索化：将知识和技能有机地串联起来，形成一条清晰的学习线索，帮助学生建立起系统的认知框架，便于理解和记忆。

（2）教学内容开放化：采用灵活多样的教学内容，鼓励学生探索未知领域，激发学生的好奇心和探索欲，培养批判性思维和解决问题的能力。

（3）课堂情境民主化：创建一个平等和谐的学习环境，鼓励学生积极参与课堂讨论，尊重每位学生的观点，营造一种民主的课堂氛围。

（4）教学过程活动化：通过实践活动、项目作业等形式，让学生在做中学，提高学生的参与度和实践能力，促进知识的实际应用和创新能力的培养。

（5）教学评价人性化：采用多元化的评价方式，不仅评估学生的知识掌握情况，还关注学生的情感态度、团队协作能力和个性发展等方面，确保评价公正、全面。

在这样的课堂中，每位学生都能够获得足够的思维空间、活动空间和迁移空间，并能够在自己的优势领域内得到发展和肯定，从而建立起自信心。这样的教学方法不仅有助于学生掌握知识和技能，还有助于培养他们的批判性思维、解决问题的能力以及良好的人际交往能力，为他们的终身学习和个人发展打下坚实的基础。

在德育方面，学校开展了"发现榜样""懂得感恩""珍惜亲情""社交礼仪""心理体验"等五大类活动，让学生发现自己、珍爱生命、与人为善、知书达理、擅长沟通。在日常生活中，引导学生多做自我暗示"我行""我能"，从而肯定自我价值，唤醒自尊和自信，告别沮丧和自卑。

二、激励评价为自信导航

评价是导向，直接决定了学生的价值取向和具体的学习行为。新课程标准明确指出："评价要关注学生学习的结果，更要关注他们学习的过程；要关注他们的学习水平，更要关注他们在学习活动中表现出来的情感和态度，帮助学生认识自我、建立信心。"信心如同一种催化剂，能够激发人的全部潜能，并促使人的各种能力达到最佳状态。当一个人在高水平的表现中不断重复这些正面的行为时，这些表现就会被逐渐固化为他们本性的一部分，进而将个人的能力提升到一个新的水平。如果一个人的成长路径始终是积极向上的，那么随着时间的推移，这种积极累积的效果将是极其显著的。

自信靠自尊、自强、自爱、自觉主动来争取，自信与学会学习同行。自信是成功的起点，它是在追求人生奋斗目标的征途中逐步确立的。为此，在教育过程中，我们主张培养学生在多个方面的自我管理能力，以构建一个强大而全面的自信精神体系，具体的培养方向包括：人格上自尊、行为上自律、学习上自主、生活上自理、心理上自强。通过这些方面的培养，可以帮助学生建立强大的自信精神体系，从而达到引导他们自主发展的最终目标。这样的教育模式不仅关注学生的学术成绩，更重视他们的全面发展，使他们能够在未来的生活中成为自信、有能力、负责任的个体。

（1）用"不同的量规"评价学生。评价不是为了甄别、排队、控制和打压，而是为了改进、完善、激励和提升。从多角度来评价、赞赏和鼓励学生，以信任、期待的眼光去开发学生的潜能。教师的眼中只有"差异"而没有"差生"，致力于发现和挖掘每个学生的独特优势，给予他们施展的舞台，从而使他们在不同智能领域获得巨大的自信力量。

（2）用综合的方式评价学生。这种方法以学生的自我评价为中心，结合小组评价、教师评价和家长评价，形成一个全面的评价体系。通过这种组合评价的方式，学生不仅能够获得来自不同方面的反馈，还能够在这个过程中学会自我管理和自我激励，这对于他们的长期发展非常有益。此外，这种方式也促进了家校之间的紧密合作，共同支持学生的成长。

（3）用发展的观点评价学生。评价不仅仅是为了反映学生当前的状态，更重要的是通过现状分析来为学生指明未来的发展方向，并提供具体的建议和方法来帮助他们改变现状。同时，将学生的发展过程分解为一系列细小的单元，对于每一个单元的改变和进步，都要及时给予肯定和激励，让学生体验当下的成功，进而憧憬美好的未来。这种积极的反馈循环有助于学生建立自信心，促使他们朝着既定的目标稳步前进。

三、阶梯引领让自信达成

自信并非自然而然地产生，它通常来源于他人对个体的认可和赞赏。如果没有外界的积极反馈，则自信很难从精神力量转化为行动动力。因此，将自信的力量转化为学习和发展能力，教育者需要采取科学有效的方法，通过多元化的赏识、激励和引导，帮助学生不断形成和发展自己的能力。

在自信教育的实践中，重点是针对学生的不同强势智能领域，根据学生的个性特点创设适合他们自主发展的成长路径。这种方法强调目标明确、重视过程，让学生在稳扎稳打的过程中充分感受到成长的乐趣。实施"阶梯引领"的核心在于以人为本、尊重教育规律，因材施教、循序渐进，确保每个孩子都能自信地成长。

维果斯基的"最近发展区"理论指出，学生的发展有两个层面：一是学生现有的能力水平，即独立解决问题的能力；二是学生可能的发展水平，即通过教学可以获得的潜力。这两者之间的差距就是"最近发展区"。教学的目的就是关注这个区域，提供适当挑战的内容，帮助学生跨越这个区域，达到更高的发展阶段。

为了帮助学生更好地实现"跳一跳摘桃子"，我们设计了"阶梯引领"策略，将其分为"初级阶梯""中级阶梯""高级阶梯"三个层次，逐步引领学生在各自的强势智能领域中快乐成长，并通过这种方式对其弱势智能施加积极影响。在实现各级目标的过程中，会为每位学生制定一个阶梯表，详细列出其学习、生活习惯、创新能力、个性特点等方面的指标，并定期在教师和同学之间进行互评。此外，还会结合"家教阶梯"与家庭和社会进行互动。

由于学生的每一项微小进步都能得到及时的鼓励，因此其能够体验到小成功的快乐，这种快乐又会激励其继续努力，实现更大的目标，收获更多的幸福。学生的学习状态、生活状态和精神状态不仅直接影响他们的学习成绩和发展能力，也决定了他们的生活质量。如果能让每个学生都找到自己的准确定位，发现自己的自信之源，并为他们搭建合适的成才阶梯，那么他们就会不断地向前发展。

四、颗粒归仓让自信满满

多元启智、阶梯引领是为了让学生能够自信、自立、自强、自主发展，而激励评价、颗粒归仓则是为学生保持足够的自信保驾护航并提供动力。有了信心，常常会使不可能成为可能；丧失信心，常常会使可能变成不可能。

信心就像"牛鼻子",抓住了信心,就抓住了办学的脉搏。

经纶团分在"抓信心促发展"方面多管齐下。

首先,学校通过建立学生成长档案来记录每位学生的成长历程和发展成就,这种方法结合了多元化的评价体系。成长档案可以包含多种类型的材料,比如优秀的试卷、出色的作文、获奖证书、有意义的照片以及优异的成绩单等,这些都是对学生在不同阶段取得的成功的记录。其次,让学生自主管理并积极搭建学生自主管理的平台,创设促进学生主动发展、全面发展和个性发展的重要途径。最后,开展丰富多彩的校园文化活动,给予学生施展特长的舞台,让不同的学生能在不同的领域秀出风采,获得信心。

拥有信心的关键是让学生拥有成果意识。受表彰时获得的奖状、同学对自己的好评、脚踏实地的每一个进取的脚印等都算"成果",平时编的打油诗、画的知识树、列的思维导图等也是"成果"。这些"成果"积攒下来,不但会成为继续攀升的垫脚石,还会成为不懈奋斗的驱动力。相反,如果没有成果意识,像狗熊掰棒子一样,随取随丢,则最终将会一无所获。

在自信教育实践中,"贴标签""压担子"也是常用策略。"贴标签":你把学生视为鲜花,他就会拒绝再做野草;"压担子":进取的动力和承担的责任是成正比的,责任越大,干劲越足。但标签贴多了和担子超重了一样,会有反作用。这就需要"美化其历史",一个人的过去越高洁,污垢附身的遭遇越微小。相反,破罐子容易导致破摔,而拥有良好口碑的人会越发珍惜自己的"羽毛",并愿意精益求精、锦上添花。

所以,自信教育离不开"成果意识",即颗粒归仓——仓库里的成果越充盈,进一步获取成果的动力就越足,这是由人性决定的。

"天生我材必有用",一个孩子只要有了自信心,就一定能感受到:成长是幸福的,不断更新自我是幸福的,学习是幸福的。从这个意义上说,教育的目标就是唤醒孩子的自信心。

第二节　如何认识自信

中学阶段是一个人建立自信，不断克服自卑感的关键时期。中学生应正确地认识自信和自卑，了解这种心境形成的原因，进而帮助自己积极主动地建立自信心。拥有自信，心态阳光，学习会更加顺利，也会为获得幸福人生奠定基础。

一、认识自信

（一）自信是什么

自信是指人对自己的个性心理与社会角色进行的一种积极评价，是一种有能力或采用某种有效手段完成某项任务、解决某个问题的信念。它是心理健康的重要标志之一，也是一个人取得成功必备的一项心理特质。[①] 正是因为自信的存在，人们才能展现出智慧和创造力，内心充满希望。只有拥有自信，我们的人生才能绽放出更加灿烂的花朵，生活才会变得更加丰富多彩。自信让我们敢于面对挑战，勇于追求梦想，使每一天都成为展现自我、实现价值的舞台。

自信是成功和幸福的关键要素之一。它不仅能够帮助我们克服内心的恐惧和不安，还能激励我们不断向前，迎接新的机遇和挑战。当我们相信自己的能力时，就能够更加自信地面对生活中的各种情况，无论是个人成长还是职业发展，自信都是不可或缺的动力源泉。

通过培养自信，我们不仅能够改善个人的心理状态，还能在社交、工作和学习等各个方面取得更好的成果。自信的人更容易获得他人的信任和支持，也更容易在竞争中脱颖而出。因此，培养自信对每个人来说都是非常重要的。

自信心是一个在日常生活中经常被提及的概念，而在心理学领域，与自

---

① 李翔，杨义芹. 和谐社会心态与幸福生活探析 [J]. 齐鲁学刊，2013（06）：72-76.

信心最为接近的是班杜拉（A. Bandura）在其社会学习理论中提出的自我效能感（self-efficacy）。自我效能感指的是个体对自己是否有能力完成某一行为所进行的推测与判断。自信与不自信原本是描述人在社会适应过程中的一种自然心理状态，即人们在尝试用有限的经验去应对陌生世界时所体验到的那种感觉。[①] 传统文化往往将这种心理状态简单地划分为两个极端：自信与不自信。这种二元对立的划分迫使人们采用非此即彼的思维方式来观察和理解这种复杂的心境。

然而，自信与不自信并不是截然分开的两个极端，而是连续的心理状态的一部分。自信与自卑更像是一个连续体上的两个端点，人们在面对不同的任务和情境时，其心理状态会在这一连续体上波动。自信与自卑正如一条线段的两个端点，人们在做事时的心境不断地在两个端点之间徘徊，没有绝对的自信或自卑，事实上看起来自信的人，往往需要努力忽视内心的不自信，表现出自信的样子。

（二）自信的重要性

1. 自信是健康的心理状态

自信是一种相信自己有能力实现目标的心理倾向，它是推动人们进行活动的强大动力，也是人们完成活动的有力保证。自信被视为一种健康的心理状态，对于个人的成长和发展至关重要。

2. 自信是成功的保证

美国教育家戴尔·卡耐基在调查了很多名人的经历后指出："一个人事业上成功的因素，其中学识和专业技术只占15%，而良好的心理素质要占85%。"自信是成功的保证，它是一种相信自己有能力克服困难、实现目标的情感。具备自信的人能够客观地评估自己的知识和能力，同时也能虚心接受他人的合理建议，对自己所从事的事业抱有信心。

3. 自信是承受挫折，克服困难的保证

自信是一种内在的精神力量，它能鼓舞人们去克服困难，不断进步。高

---

① 李承贵. 文化自信的三大基本要求——宋儒处理儒佛关系实践中所表现的智慧 [J]. 福建论坛（人文社会科学版），2018（09）：87-94.

尔基指出："只有满怀信心的人，才能在任何地方都把自己沉浸在生活中，并实现自己的理想。"克服逆境的核心要素之一在于个体具备高度的自信。[1] 自信能够促使个体对面临的挑战持积极态度，从而有效调动内在资源，促进解决问题能力的发挥。

4. 行动是自信的真正源泉

成功的关键在于行动，成功的人都是行动导向型人格。一旦他们有了想法，就会立即去实践，实践的结果有两种，一种是成功，另一种是不成功。无论做什么事情，只要肯努力，就没有真正的失败。一个人的行为影响着他的态度，积极的行动能带来及时的反馈和成就感，也能带来节节成功的喜悦。切实去完成自己的意愿，就能鼓舞自己进一步获得成功。真正的自信既不会凭空产生，也不会来自那些廉价的称赞，或者是一时的心理辅导。自信是成功的条件，成功是自信的源泉，二者相辅相成。学习上和生活中的每一个小小的进步与成绩，都能建立坚实的自信心基础。

(三) 自卑是什么

自卑是一种个体对自己能力、价值或成就的负面评价，通常表现为对自己的能力、品质评价过低。自卑作为一种消极的情绪体验，常表现为害羞、不安、内疚、忧郁和失望等。

自卑往往源于未能满足的自尊需求。当个人无法恰当地评估自己的价值时，就可能陷入自卑的心理状态。一旦形成这种心态，个体可能会开始质疑自身的能力，并因此无法展现这些能力。这可能导致他们在人际交往中变得畏缩，最终走向自我封闭。即便是一些通过努力完全可以达到的目标，自卑的人也可能因为内心的"我不行"而轻易放弃追求。在这种状态下，他们难以看到生活的光明前景和希望，无法体验生活的乐趣，甚至不敢去憧憬一个更美好的未来。

---

[1]　董思博. 培养孩子的自信心 [J]. 平安校园, 2019 (11): 78-79.

(四) 自卑产生的原因

1. 自我认识不足

人们常常通过他人看清自己，如果他人对自己的评价偏低，尤其是那些来自权威人士的评价，就有可能影响到个人的自我认知，导致自我评价降低，从而产生自卑心理。

2. 对自我形象不认同

觉得自己长得不好，或者是对自己的能力持怀疑态度，从小学升入中学后的优越感降低，甚至没有了，自己没有赢得别人足够的尊重，于是产生了自卑感。每个人都会在某个方面产生自卑感的。

3. 家庭经济因素

部分学生由于出身贫寒，生活困难，与别的同学相比，因自己家庭经济条件太差而感到自卑。

4. 社会文化因素

每个人都处在特定的社会文化环境中，文化对心理的影响很重要。比如，根据社会心理学家米德等人的研究发现，新几内亚地区三个民族的人格特征各具特色。居住在湖泊地带的章布里族，男女角色差异明显：女性是社会的主体，她们每天劳动，掌握经济实权；男性处于从属地位，主要从事艺术工艺与祭祀活动并承担孩子的养育责任。这种分工使该地区的男人有明显的自卑心理。

5. 与成长经历有关

人的一生不能说漫长也不能说太短，但真正对人产生深刻影响的关键时期就那么几个，其中童年经历的影响尤深。心理科学的研究已证实，不少心理问题都可在早期生活中找到症结，自卑作为一种消极的心态也不例外。

6. 个人性格特点

气质抑郁、性格内向的人通常对周围事物的感受性较强，容易放大消极事件的影响，并且不易及时释放和排解负面情绪。因此，外界因素对他们心理的影响往往比对其他气质和性格类型的人影响更大，从而增加了其产生自卑感的可能性。相反，具有高度自觉性、果断性和自制力的学生，在面对挫折和自尊受损时，并不会因此变得自卑，反而会激起更强的自尊心。他们会及时调整自己的行为，以更大的决心和努力突破困境，奋力开辟出一条成功的道路。[①]

二、训练方法

（一）培养自信心的基本方法

1. 培养耐心

自信需要时间来培养，耐心是这一过程的关键。没有耐心，我们就无法实现目标，更不用说建立自信了。随着每一次的成功，我们的自信心也会随之增强。

（1）理解过程的重要性：自信不是一蹴而就的，需要时间来培养。耐心是培养自信最重要的前提。

（2）设定长期目标：给自己设定长期目标，并为每个阶段设定小目标，这样可以逐步看到自己的进步。

（3）庆祝每一个小胜利：每达到一个小目标，都要庆祝一番，以此作为前进的动力。

2. 发挥特长

发挥自己的特长有助于建立自信。学校提供的丰富课程和社团活动为学生们提供了这样的机会。通过参与其中，可以在特定领域展现出色的自我形象，从而增强自信心。

（1）发掘个人优势：识别自己的长处和兴趣，然后在这些领域努力发展。

（2）利用学校资源：参加学校提供的丰富课程和社团活动，发挥自己的特长。

（3）积极参与：在感兴趣的领域中积极参与，通过实践来提升自己的能力和自信心。

---

① 曾琴. 当代大学生的自卑心理剖析 [J]. 中国临床康复，2005（24）：126-127.

3. 相信积累的力量

就像细水长流可以穿透岩石一样，耐心地积累知识和技能是获得力量的关键。不要期待立即的强大，而要通过持续的学习和实践逐渐提升自我。

（1）持之以恒：认识到成功是通过长期不懈地努力积累起来的。

（2）小步快跑：从简单的任务做起，逐步增加难度，这样可以积累经验并建立信心。

（3）坚持学习：通过不断地学习新知识和新技能来提升自己，相信时间会带来变化。

4. 认清自己的局限性

没有人是全能的，认识到自己的局限性，并接受它们，可以减少不必要的心理负担。在不擅长的领域保持谦逊是有益的，这有助于我们将精力集中在自己真正擅长的领域。

（1）接受不完美：认识到每个人都有不足之处，减轻不必要的心理负担。

（2）专注于自己的强项：在自己擅长的领域加倍努力，而不是试图弥补所有弱点。

（3）学会放下：对于自己不擅长的事情，学会接受并放下，不必过于苛责自己。

5. 提前准备

对任何任务都提前做足功课，可以极大地提升自信心。自信不同于自以为是，后者往往会在现实中碰壁。专注于准备工作，不过分担心结果，是成功的关键。

（1）充分准备：无论做什么事情，都要提前准备好，这样才能在执行时更加自信。

（2）研究案例：学习成功案例和失败案例，从中汲取经验和教训。

（3）制订计划：制订详细的行动计划，确保每一步都心中有数。

6. 关注细节

细节决定成败。专注于自己必须做的事情，并保持长时间的专注，这能帮助我们看到更多的细节，更好地完成任务。忽略细节往往是因为缺乏足够的投入。

（1）细致入微：在工作中注重每一个细节，从而提高工作的能力。

（2）持续改进：通过不断地练习和反思来改进自己的方法及技术。

（3）精益求精：不断提高自己的标准，追求更高的成就。

7. 培养从容的心态

从容不仅体现在外表，更重要的是内在的沉着。有能力的人更容易保持从容的心态，因为他们的能力使他们能够掌控局面。从容是一种内在的状态，需要通过实际能力来支撑。

（1）放慢节奏：在行走和说话时放慢速度，这有助于表现出更加从容的姿态。

（2）保持冷静：在面临压力和挑战时保持冷静，这样可以更好地处理问题。

（3）深思熟虑：在做出决策之前进行思考和分析，确保决策的正确性。

8. 关心身边的人

选择真正的朋友并给予他们关心和支持。真正的友谊需要时间和精力的投入，而这种投资能够带来更深层次的信任和支持，进而增强自信心。

（1）建立深厚友谊：选择几个真正的朋友，并与他们建立深厚的友谊。

（2）互相支持：在朋友需要帮助时给予支持，同时也接受他们的帮助。

（3）共同成长：与志同道合的人一起成长，相互激励和支持。

9. 不要追求完美

追求完美往往会导致标准下降。理解并接受不完美是常态，也是一种智慧。学会在这个不完美的世界中正确的自我定位，可以避免不必要的自卑感。

（1）接受不完美：理解完美是不可能达到的，接受并欣赏生活中的不完美。

（2）设立合理期望：为自己设定切实可行的目标，避免过度的压力。

（3）庆祝进步：即使没有达到完美，也要庆祝自己的进步和成就。

10. 尽量独立地承担必要的责任

独立承担必要的责任可以增加幸福感和个人成就感，进而增强自信。通过自己的努力解决问题，是自信的重要来源。

（1）自我管理：学会管理自己的时间和资源，以独立完成任务。

（2）承担责任：勇于承担自己的责任，而不是依赖他人。

（3）自我激励：用内在的动力驱动自己，而不是外部的奖励。

11. 当众积极发言

在课堂或讨论中积极发言可以提高自信。即使最初可能会感到不自在，但随着时间的推移，这种积极的行为会逐渐增强自信。

（1）克服恐惧：面对公众演讲的恐惧，采取积极措施进行克服。

（2）练习表达：多加练习，提高口头表达能力。

（3）积极参与讨论：在课堂或会议中积极参与讨论，表达自己的观点。

12. 改变身体语言

身体语言对心理状态有着直接的影响。通过抬头挺胸和加快步伐，可以增强自信心。改变身体姿态可以改变内心的感觉。

（1）改善姿态：保持良好的身体姿态，比如抬头挺胸。

（2）积极步伐：走路时步伐坚定，表现出自信的态度。

（3）心理暗示：通过身体语言的改变来影响心理状态，让自己感觉更加自信。

（二）战胜自卑的基本方法

1. 自卑心理认知疗法

即通过全面、客观的认识，辩证地看待别人和自己。

（1）正确认知：自卑者通常拥有强烈的自尊心和远大的抱负。然而，当他们在学习或生活中因方法不当或缺乏社交技巧而陷入困境时，他们的自尊心会受到严重损害，优越感也会随之消失，从而从一个自信的人转变为一个完全失去自信的人。[1]

（2）平衡视角：正如古语所言，"金无足赤，人无完人"。每个人都有自己的长处和短处，我们应该坦然地接受自己的不足。通过这种方式，我们在

---

① 郝建英. 大学生自卑心理探析［J］. 中国科教创新导刊, 2009（23）: 245.

与他人进行比较时，不仅能看到自己的不足之处，也能看到自己与他人相似甚至超越他人的地方。

（3）正确的比较：最重要的是与过去的自己进行比较。每个人都应当根据自己的兴趣、爱好、能力及个性特点来确立自己的学业和人生道路。为此，我们应该发奋努力，不断进步，最终实现自己的目标。

2. 自卑心理作业法

自卑感往往是在表现自己的过程中，由于受到挫折，对自己的能力产生怀疑而造成的。在教育实践中，可以尝试以下做法：

（1）定义问题：自卑感往往源于在尝试表现自己时遭遇的挫折，这让我们对自己的能力产生了怀疑。

（2）从小事做起：选择做一些力所能及、成功概率较大的事情。每一次的成功都是对自信心的强化，通过不断的成功来逐步恢复自信。

（3）逐步建立自信：自信心的重建需要时间，不能急于求成。从一连串小小的成功开始，逐渐用自信心取代自卑感。期望值不要过高，要循序渐进地锻炼自己的能力。

（4）锻炼性格：大多数有自卑感的人一般都性格内向、敏感多疑，因此，通过锻炼性格来增强自信是很重要的一步。参加集体活动，如团队项目、俱乐部活动等，在活动中培养自己坚韧、果断和勇于进取等优秀品质。通过这些活动来确立自信，逐步克服自卑心理。

3. 自卑心理补偿法

即通过努力奋斗，以某方面的成就来补偿自身的缺陷。主要包括：

（1）生理上的补偿：如盲人的听觉特别敏锐、聋者的视觉特别发达，这是人们常见的现象。

（2）心理上和才能上的补偿：心理上和才能上的补偿同样存在。例如，通过勤奋学习来弥补某些方面的不足，或者利用自己的长处来弥补短处。华罗庚认为，"勤能补拙是良训，一分辛苦一分才"。我们即使在某些方面不如他人，但只要付出更多的努力，就能够弥补这些不足之处，甚至超越他人。同时，在实践中应该做到扬长补短，每个人都有自己的长处和短处，关键在于如何利用自己的优势来弥补劣势。识别自己的优势所在，并在这些领域加倍努力，可以有效地提升整体能力。

4. 自卑心理领悟法

即有自卑感的同学可以求助于心理老师或班主任，与他们进行深入的谈话。在实践中主要包括：

（1）求助与心理分析。

如果自己有自卑感，可以寻求心理老师或班主任的帮助，与他们进行深入的交谈。在专业人士的帮助下，找出产生自卑感的深层原因。通过心理分析，可以了解到产生自卑感的根源并不是实际情况真的很糟糕，而是潜藏在意识深处的一些心理症结。这些症结可能是过去的经历、错误的自我认知或其他心理因素。

（2）领悟心理过程。

在心理老师的指导下，通过深入地分析和讨论，会逐渐意识到产生自卑感的原因，并了解这些原因是如何影响自己的心理状态的。

（3）转变与解脱。

一旦明白了这些，就会有一种豁然开朗的感觉。最终，能从自卑的阴影中解脱出来，重新建立起积极的自我形象。

5. 自卑心理暗示法

即个人通过积极的自我暗示、自我鼓励，进行自助的方法。

（1）自我评价与行为之间的关系。

人的自我评价实际上是对自我的一种暗示作用，它与人的行为之间有着密切的关系。消极的自我暗示会导致消极的行为，而积极的自我暗示则会带来积极的行动。[1]

（2）积极自我暗示的重要性。

其实每个人的智力水平相差并不大，因此，在做事的时候，我们应该不断地对自己进行积极的暗示，不断地告诉自己："别人能做到的，我也一定能做到。"并且始终坚信"我能行""我也能够做好"。

（3）关于成功与失败的应对。

在成功时，我们的自信心得到增强，应该庆祝每一次的进步。而在失败

---

[1] 郝建英. 大学生自卑心理探析 [J]. 中国科教创新导刊, 2009 (23): 245.

时，我们也不应气馁，不妨告诉自己："胜败乃兵家常事，慢慢来，我会想出办法的。"通过这样的积极自我暗示，我们可以在面对挑战时保持积极的态度，即使失败也能迅速调整心态，继续前行。

培养自信心、不断克服自卑感的方法有很多种，一旦明白了自信和自卑只是一种心境、一种动态中的心理感受，相信同学们就会更有勇气，积极追寻自信的自我，愉快地度过自己人生中最为宝贵的中学阶段。

第三节　如何成为一个阳光自信的人

中学生活是一种充满活力、共享阳光、风雨同舟、荣辱与共的校园生活。作为陈经纶中学团结湖分校的每一名学生，经过中学的教育熏陶，必须做到以下几点：

首先，树立"经纬昆仑"志向与"团结和睦"精神。

经纶，意即要求每位学子树立"经纬昆仑"的远大志向，中学生的志向要像昆仑山一样巍峨。要求每位学子树立"团结和睦"的精神取向，中学生要学会珍惜同学之间的情谊，多交朋友、广交朋友，面对问题，共同攻坚；面对挫折，相互激励。

其次，树立"知识沟通"志趣和"心灵交流"意识。

知识是中学生智力成长的营养，是增长见识、拓展视野的桥梁。中学生要学会用知识来武装自己，用知识来沟通友谊，以增加同学之间的情志和志趣。心灵，不是空洞无物的器官，而是通过倾听、交流、共振等方式，产生心流。建议同学们在学习之余，相互之间多倾听、多交流。

最后，要处理好"学习"与"发展"之间的关系。

在学校要学习的东西很多，德、智、体、美、劳五大方面，五育并举。仅从文化课学习的角度看（智育），语数外、理化生、政史地、体音美计等，就让人应接不暇。但大道至简，学校教学也可以简单概括为"四个一"：一种自信阳光的精神、一种端正的价值观、一种健康的身体、一种适合自己的学习方法。作为中学生，应"吾日三省吾身"，反思一下自己每天、每一个阶段是否在这四个方面有所提高。通过多年的教育管理观察发现，随着年龄增大、学识增加，有的同学会产生自卑心理，有的同学会有极度的无助感，有的同学甚至有抑郁的倾向。为什么明明学习的知识更多了、能力更强了，怎么反而不敢想、不敢做，甚至怀疑自己了？造成这种状况的原因有很多，但同学们要明白的一个道理是：自信心也需要主动地自我培养，就像身体一样，也需要有计划地不断加强锻炼。

经纶团分的学生培养目标是：全面发展、学有特长、自信阳光。要有"仰天大笑出门去，我辈岂是蓬蒿人"的志气，也要有"会当凌绝顶，一览众山小"的豪气，更要有"长风破浪会有时，直挂云帆济沧海"的勇气。

人一旦有了信心，就会树立自己的理想，也会有做事的动力，至于学习、修身、锻炼的方式方法，技术能力，习惯养成等，都可以慢慢学会。当然，自信心不是等出来的，也不是懒坐着想出来的，而是自己不断努力拼搏奋斗出来的。"自信成就精彩人生"，即希望同学们能够主动、科学地提高自己的自信心，人生的精彩需要用奋斗去书写。

第四节　自主发展从学会选科开始

北京市新高考改革带给我们许多思考和启示：学生适应新高考的重点是要学会选科，这样不仅能够充分发挥自己的优势，也能够确保高中三年学习顺利、身心健康。

如何才能选好科？建议高一的同学做好"三个结合、三个平衡"，把握好"四次选择"的机会，尤其是要在专家、老师和家长等的指导下制订好自己的职业生涯规划。

选科时要注意的"三个结合"：一是把当下学习情况与未来长远规划结合好；二是把个人兴趣与职业选择结合好；三是把个人发展与家庭设计结合好。同时，要做好"三个平衡"：一是做好功利化选择与以人为本的平衡；二是做好个人兴趣爱好与潜能优势的平衡；三是做好个人职业倾向与职业发展去向的平衡。在此基础上，把握好四次选择：刚入高一时学校会引导同学们关注选科，一般会让同学们观摩高二年级同学选科情况——观选；高一第一学期末学校会让同学们尝试着选一下自己偏重的学科——试选；高一结束时，学校会组织同学们基本确定自己的选科——初选；一般情况下，高二刚开始时，学校会同意个别同学改选学科——改选。建议做好观选、试选和初选，不建议改选，因为高中学习时间比较紧张。

为什么要做好自己的生涯规划呢？因为选科不单是发挥自己的优势，获得一个尽可能好的高考成绩，还关系到高考报考学校和专业选择问题，从长远看更关系到自己未来的职业方向。从高一开始学校就会开设职业生涯教育课程，引导同学们关注各行各业，初步选择自己喜欢的行业，从而明确未来发展方向，实现个人兴趣爱好与所学专业和将来准备从事的职业高度契合，学有所成，学以致用。

第四章 校长治校理念阐释

第一节 学校管理理念分析

一名好校长就是一所好学校。学校有活力、有文化的前提是校长要有好的管理理念。

一、校长的七大管理观念

作为陈经纶中学的主要分校之一，经纶团分奉行了七大管理理念：

1. **管理常规观**

管理好常规：不要乱，不要慌，不要过分焦虑；时间用得科学；人员配合有序、和谐。

2. **管理阶段观**

管理针对"阶段"特点："一年五段"每阶段的特点分别是什么？阶段任务、师/生一般会有何表现？"四步管理法"：分析情况、总结优/缺点、制定举措、组织实施；关键在于明确任务，具体方法。

3. **班级管理观**

深入班级管理：指导、协助，甚至直接上手帮助管理班级；目的是打造以班级为单位的教师团队；充分发挥班主任的领导力；明确任务，组织、协调、督促、反馈。

4. **课堂效率观**

深入课堂：学校领导全天候听课，坚决杜绝低效课堂行为；观察学情，及时与班主任进行沟通，防患于未然。

5. 教育服务观

学校奉行教育即服务的管理理念，校长做好全校师生的服务：及时了解初高三教师需求，对其待遇进行调整等；服务要贴心，并非能直接帮助解决多少事或者给多少报酬，而是要暖人心；服务要主动，向初高三家长学习；让老师累但快乐着，心情舒畅。

6. 下沉基层观

校长领导全校干部下沉一线，做好陪伴。干部要与师生同甘共苦，全程陪伴就是无言的激励。随时帮助师生解决力所能及的问题。

7. 师生沟通观

沟通是人际和谐的基础，是解锁心灵的密钥。学校领导要多与师生沟通：了解他们的心声，倾诉是很重要的心理调节需要与形式。人心工作做到位了，信心足了，就能干成事！校长、书记要带头与学生聊天，先通过听课观察，再和风细雨聊天，不要说教。永远把学生放在第一位是教育工作的目标，也是教育者的良知与本分。

二、高效课堂的管理理念

对于中学课堂，学校主要探索如何通过管理提高课堂效率。经纶团分主要奉行以下几种管理理念。

1. 教师的"做中学"理念

管理干部只有把要求想清楚、说明白，教师才能把工作做好；管理要有标准，凡事都要有说法。管理的关键是要有具体举措，改革要靠管理推进。普通教师应在适应管理的过程中提高"做中学"意识。

2. 教学质量管理理念

我们可以将教学质量管理的方面与过程形容为"211 工程"：两个主体——教师和学生；主要研究教师的教与学生的学，提高各自的能力。一个时间轴——课堂/天/周/月/期中/学期/学年/学段；常规管理就是在规定的时间内做规定的事。一个主阵地——课堂。最终各种要求都要归结到这个点上。从文化课学习和教师的讲授角度看管理，大部分教师课堂的规范性是基础和根本保障，规范性主要体现在课堂的完整性方面：课堂教学目标具体、可检测；完成授课时教学目标的实现程度高。

第二节 课堂建设理念分析

教育部在《关于全面深化课程改革 落实立德树人根本任务的意见》中，明确把核心素养的内涵界定为"学生应具备的适应终身发展和社会发展需要的必备品格和关键能力"。品格和能力都是具有决定性的力量，是学生面对未来世界发展和自身发展的挑战，只有两者相互扶持、相互支撑，才能形成一个全面发展的人。新课程标准的出台，标志着课程改革进入深度实施阶段，其重点是推进课堂教学方法的进一步变革，进而落实新课程方案，培育学生的核心素养。

经纶团分在教育教学实践中，不断提高自主培养拔尖创新人才的自觉性与自信心，以开展基于自主学习的教与学方式研究为突破点，努力推进教育教学改革，积极探索具有校区发展特色的人才自主培养实施路径。

一、抓核心素养育人理念，促教学观念转变

观念是行动的指南，任何改革都是从观念开始的，教学改革亦然。以核心素养为导向的教学改革必须确立以核心素养为导向的教学观念。基于立德树人的教学是就教学方向而言的；基于课程意识和学科本质的教学是就教学内容而言的；基于学生学习的教学是就教学主体而言的。这是以核心素养为导向的教学必须确立的三大基本理念。①

二、抓顶层设计，促自主课程体系建构

基于理念的指导，经纶团分对培养目标、办学定位、育人理念、课程结

---

① 农雪影. 基于学科核心素养的高中化学教学实践——以"最简单的芳香烃——苯"教学为例 [J]. 中学教学参考，2021（05）：61-63.

构、教学方式等进行了优化整合，在此基础上建构了自主学习体系。2019—2020 学年，学校邀请华东师范大学庞维国教授对全校教师开展了系统的自主学习理论培训，为自主学习研究奠定了理论基础；2020—2021 学年，学校在北京师范大学和北京教育学院专家的指导下，系统调研了全校师生的自主学习基础和发展需求，完成了学校自主学习发展报告，厘清了推进研究的现实基础和发展愿景；2021—2022 学年，学校在首都师范大学和北京市教育科学研究院专家的指导下，优化了具有校区特色的自主课程方案，并在此基础上开始建构自主课程体系。

依据学生的情况，"两个层次"中的第一层次是面向全体学生，全面关注和提升其综合素质、健全人格、创新精神和实践能力；第二层次是针对部分基础扎实、自主学习能力强、学习方法优秀的学生，做到及早发现、科学培养、充分挖潜。"两种高水平"是指要夯实学生的高水平基础，实现学生的高水平差异化发展。

高水平的发展依托于课程设计，经纶团分对初高中两个学段的课程进行了结构化、一体化建设，将课程按照育人功能进行划分，形成了其"基础、拓展、自主"三级课程体系。

三、抓理念落地，促自主课堂教学模式建构

2022—2023 学年，经纶团分在北京师范大学和北京市教科院专家的指导下，完成了自主课堂教与学方式的系统建构，界定了自主课堂概念，建构了自主课堂模型，细化了自主课堂结构图和设计指南，还制定了自主课堂评价量表，实现了课堂教学从以讲授法为主的传统教学，走向新型的自主、合作、探究学习方式。

经纶团分的自主学习研究始于学生的全面发展需求，以新课程标准为引领，经过自主课程体系的顶层设计，在自主课堂的教与学过程中落实。经纶团分的自主课堂体系包括"两图两表一概念"五个基本组成部分。

"两图"分别是自主课堂示意图和自主课堂结构图（见图 10-3，图10-4）。自主课堂示意图包括导学、自学、研学、评学四个主要环节，其中，"导学"既是学习的起始环节，也是各个环节的基础。各环节之间具有内在联系，双向互动，呈现动态变化；每个环节与其他环节相互关联，四个环节是

一个有机体。自主课堂结构图表现为三条既相互独立又有密切关系的主线：中间的主线就是自主课堂的主要环节，在导学、自学、研学、评学四个环节的基础上，又增加了课前的"预学"和课后的"固学"，由此，形成一个打通课上和课下，连接每一节课的螺旋式上升的自主学习过程。主线上面的结构呈现的是教师的教，其下面的结构显示的是学生的学习目标，三线结合形成"自主课堂"的整体。

"一概念"即自主课堂：指在人的全面发展思想和自主学习理论的指导下，以学为中心，以"导、学、研、评"为主要环节，在促进学生对知识深度理解的基础上，提升其学习力，发展其核心素养的主动性、建构性的课堂。

四、抓课堂质量落实，促课堂设计精细和创新

面对信息时代、人工智能的挑战，深度学习改变的是教育目标，核心素养和学科核心素养都是对目标的描述，将目标具体化、精细化，构建"课程—单元—单科"的实施路径，从而真正将素养目标落实到每一节课中。

积极践行跨学科课堂教学实践研究。核心素养导向下的教学，就实际表现而言，核心素养指的是个体在面对复杂的、不确定的现实生活情境时，能够综合运用特定学习方式所孕育出来的跨学科观念、思维模式和探究技能，结构化的跨学科知识和技能，以及世界观、人生观和价值观在内的动力系统，分析情境、提出问题、解决问题、交流结果的综合性品质。[1] 就如何让跨学科教学真正落实在课堂教学中，学校做了一些尝试。

1. 基于跨学科单元教学设计的中考复习课

在中考复习阶段，将知识整合起来进行结构化处理，跨学科单元教学设计不仅打通了学科内和学科间的学习，还建立了学校教育与现实世界的联结。引导学生深度学习，只有在学习过程中培养科学思维，才能在面对从未遇到过的问题时做到高通路迁移，创造性地解决问题。对教师来说，打破原有的知识复习习惯，采用大概念统领下的跨学科单元复习是其面临的新挑战。

---

[1] 瞿超. 科技创意项目实践中核心素养的培育 [J]. 上海教育，2023（Z2）：87-88.

如在新课标的指引下，以物理大概念为统领，将存在紧密内在联系的单元内容进行重构。包括整体分析教材和学情，制定单元学习目标和评价，细化课时目标，设计结构化活动，提升学生高阶思维能力的教学设计。基于新课标中给出的跨学科学习情境素材建议与日常生活议题、实践操作、社会发展热点等，抓住新课标 1.1.4 中提到的了解我国和当地的水资源状况，有节约用水和保护环境的意识；从新课标 3.3.3 中知道内能的利用在人类社会发展史中的重要意义，物理学中重要的科学方法——控制变量法、转换法、图像法等。将热专题单元复习分成三课时：水的净化——物态变化（1 课时）；效率——内能及改变（1 课时）；寻找物质的性质——比值定义法（1 课时），充分用好课标，走出知识困境、资源困境。

在第一课时"水的净化"教学中，课前预习设置情境——野外生存训练营，请学生提前通过查找资料，获取野外获取淡水的技能。学生通过信息化等方式，课前收集资料，在课上进行交流，发现可以利用过滤、蒸腾、汽化和液化、沸腾等方式获取淡水，这些方法涉及生物、化学、物理等学科知识内容，以真实情境为载体，引发学生跨学科学习。本节课对中考学生必做的沸腾实验进行了科学探究式处理，从实验器材改进、图形计算器处理数据、科学论证等多方面进行升级处理，更加符合初三复习课的要求，收获不言而喻。

2. 基于跨学科实践的小项目式课堂教学

新课标中提出，探索大单元教学，积极开展主体化、项目式学习等综合性教学活动。项目式学习对学生各项素养的发展均有很大好处，学生不仅要基于整个项目提出问题、分析问题、解决问题，还要展示过程、分析结果。在这些能力活动任务过程中学生进行深度的认知加工，在认知加工过程中建构知识经验，转变和发展已有的认识方式，形成关键态度和情感价值观，然后才能整合形成稳定的核心素养。

但是为什么不好实施，有一个关键问题就是效益困境。项目式学习的时间较长（学时无法保证），真实情境搭建中所跨学科落实课标针对性不强等，导致项目式学习流于形式。目前学校进行了基于跨学科的小项目式学习的尝试，具体划分为小项目式实践活动学习和融合课程学习。

小项目式实践活动学习和融合课程学习在学校的初步尝试中，虽面临诸多挑战，但也展现出了独特的价值。在小项目式实践活动学习中，学生们以小组为单位，针对特定的问题展开探索。他们积极提出问题，通过实地调研、查阅资料等方式分析问题，并努力寻找解决方案。在这个过程中，学生们不仅提高了自己的问题解决能力，还培养了团队协作精神。

而融合课程学习则打破了传统学科的界限，让学生在跨学科的情境中学习知识。例如，在一个关于环境保护的项目中，学生们可以同时运用地理、生物、化学等学科的知识，深入了解环境问题的成因和解决方法。这种学习方式不仅让学生对知识有了更深入的理解，也提高了他们的综合运用能力。

然而，我们也清楚地认识到，要想让项目式学习真正发挥作用，还需要不断地探索和改进。学校将进一步优化项目设计，确保项目的时长和内容更加合理，提高项目与课标的契合度。同时，学校也将加强教师培训，提高教师的项目式教学能力，为学生提供更好的指导。相信在我们的共同努力下，项目式学习一定能够在学校取得更好的成效，为学生的核心素养发展提供有力支持。

五、抓教科研改革实践，促学生、教师、学校快速发展

经纶团分在专家的指导下梳理建构的"自主课堂"教与学方式，已经在初高中两个学段九个学科中全面推进实践，并初步取得了实施效果。从学校发展支持教师发展，最终成就学生发展。

一是建构了一体化课程体系。2022年3月29日，经纶团分承办了北京市教科院基础教育课程教材发展研究中心主办的"北京市课程整体育人交流研讨会"，系统介绍了学校全力探索德智体美劳五育并举理念下学校课程一体化的建设经验，有效总结普通学校课程整体育人的模式，为朝阳区普通学校发展积累了成功的实践经验。

二是初步形成了具有经纶团分特色的"自主课堂"教与学方式。2023年3月29日，由北京市教育科学研究院基础教育教学研究中心、北京市朝阳区教育委员会主办，北京市朝阳区教育科学研究院协办，经纶团分承办的"自主课堂教学实践"研讨会成功召开，初高中实践交流课展示共30节，有近150位领导、专家、老师们参与听评课交流。2023年11月9日，主题为"让

每个孩子拥有成长自信"一体化德育视域下自信教育实践展示活动在我校举办。此次展示活动由北京市教育科学研究院德育研究中心、北京市朝阳区教育委员会主办，北京市朝阳区教育科学研究院、北京市朝阳区教师发展学院承办，经纶团分协办。学校分享了近十年教育实践建构的自信教育体系、自主课程体系以及自主课堂范式。同时，还呈现了主题班会、学科育德和思政课等 10 节现场课，以及学校 8 个精品自主课程带来的作品展示，这些作品分别来自绣艺、科技、美术、书法、棋艺课程等。

三是推动了教师专业发展。从学科素养和教育素养两方面双提升。2022年 10 月，经纶团分教师东雪婷荣获由中国教科文卫体工会全国委员会主办的"第三届全国中小学青年教师教学竞赛"中学语文组一等奖第一名。学校现有骨干教师人数比 6 年前翻了两番。通过建设优秀的教师队伍，学校的办学质量近年来得到显著提升。

四是培育了众多优秀学生。学校推进教育教学改革以来，连续三年荣获朝阳区中高考优秀奖，学生低进高出，先后涌现出众多优秀经纶团分学子。2021 年，我校学生何一帆入选首都"新时代好少年"；2022 年，何一帆同学获得第十五届宋庆龄奖学金，真正做好了一体化的培养；2023 年，学校学生刘星彤再次入选首都"新时代好少年"。

"志不求易者成，事不避难者进。"经纶团分的自主学习研究，通过改进教育教学方式实现了学生的优质发展。学生脸上洋溢的笑容，如同一朵朵美丽的玉兰花在校园里绽放，这是对我们推进自主学习研究的最美映照。

习近平总书记在中国共产党第二十次全国代表大会报告中指出："坚持为党育人、为国育才，全面提高人才自主培养质量，着力造就拔尖创新人才，聚天下英才而用之。"提高人才自主培养质量，基础教育使命在肩，经纶团分坚持培养学生自信、坚忍、智慧、阳光的品格和能力，我们会继续精心谋划，扎实推进，誓将落实进行到底。

第三节 中学考试的理念遐想

一、研究考试的必要性

考试是可以研究的，而且非常必要。所有考试都有其目的、方式、模式，都是有规律可循的，也有更好的应对办法。中高考亦然。考试研究对教与学意义非凡。考试研究可以提高教学效率和效益，"教师会测才会教，学生会考才会学"。对教师而言，每节课、每周、每月，无论是"双基""三维"，还是学科素养、关键能力、高端思维等，都是可检测的，但是要有办法测。

对学生而言，在课堂学习训练的过程中，知识、方法、技巧、能力、思维品质等都可以通过有目的更好地训练获得，面对考试（评价）也有方法去更好地通过的。

考试研究的"两个平衡、三个目的"。两个平衡：①纵向平衡：终极目标与过程任务的平衡。高三的要求不等于高一、高二的要求，学生的认识水平、思维能力训练培养需要过程。②横向平衡：水平标准要求与学生实际表现的个性化平衡。虽然全市全区的整体能力要求，甚至是标准水平要求，是我们努力的目标，但我们结合实践也要因材施教，学校、教师、学生，都有个性化问题。两个平衡既是无奈的妥协，也是策略上的调整，更是科学施教的基础，这样才能确保教学有效。三个目的：①检测学习效果。让师生知道教得与学得怎么样，进行各种率的统计分析。②明确学习目标与要求。让学生明确知道阶段学习的目标、任务和个人的问题。③把学生学习的状态考出来。让学生通过检测更清楚学习目标、任务、个人的优势和问题。整体而言，做到越考越有信心和兴趣去学习。

如何达到考试的目的？因材施教是科学施教的基础，做好"两个平衡"，让学生始终保持高度的自信和兴趣。首先要做到学什么考什么，怎么教就怎么考。不能教学是教学，检测是检测。这里既有内容的要求，也有形式的要求，比如，试题形式问题。

二、考试观与教学观、学生观的几点思考

在国家课标、课程、考试改革等新的人才观的大背景下，学校坚持自信教育的办学理念，目的是用科学的学生观，合理地解决学生发展、竞争的成长问题。我们在考试、教学、生源等各方面基本条件都没有优势，甚至处于劣势的情况下，如何大胆地对教学、考试、学生教育等进行合理的改革实践，最大限度地发掘师生的潜能，是进行考试研究的目的之一。

国家对考试、教学的整体要求让我们感到了压力，强调能力、素养、应用的导向，对普通学生而言要求有些高，但这些要求是国家人才强国的导向，我们应大力支持。经纬团分的竞争优势是什么？无论是教学，还是考试研究，因材施教，大胆地整合和改革（取舍），既是新课标、新高考的改革方向，也是学校实现"三个个性化"，最终实现自信教育的办学目标之一。

不断强化学生的自信心，从而充分地调动其学习的主动性和积极性。课堂上要改革，课堂是学习过程，也是训练培养过程。教、学、考三者的协调统一性、一致性要贯穿全过程，不能出现碎片化、断裂化，这样既不科学，也不稳定。

学生是被赏识着长大的一代，自尊心强、民主意识强、兴趣驱动效果导向强，但其目标任务驱动习惯还没养成，耐挫能力弱、责任意识弱。虽然教师能清楚地看到学生的优缺点，但不可能帮他们解决所有问题。针对学情，最大限度地发挥学生的优势，是我们做教学、考试、教育等研究应有的基本策略。

三、考试分析法："四步工作模式"

（1）"四步工作模式"：分析基本情况、总结做法优点、简要谈不足、明确列举重点措施。其中有两点要特别注意，第一，总结做法优点，发扬优点是最靠谱的做事策略，是实践成功的、得心应手的、行之有效的、风险最低的策略。所以，应努力扬长。第二，明确列举重点举措，只有制定清晰的策略，工作起来才能更加明确。

（2）边缘生问题分析，要四到位：到学生、到学科、到知识点、到题号。即要了解学生学习的细节，以及知识能力点的稳定性等。

（3）注重德育工作方法。高压力高强度学习下，学生会出现一些情绪问题。作为教师，我们要以最大的耐心和爱心，引导、指导、辅导学生，积极发挥学生的非智力因素作用。学生对教师的态度有多种，有崇拜教师的、有亲近教师的，也有挑战教师的，可以根据学生的特点，因材施教，积极引导。

（4）帮助学生建立信心。任务重、时间紧，有些学生会产生焦虑和紧张情绪，教师可以通过目标分析，适用"低小多快"的策略：降低训练起点、将大目标分解成更小的目标、多开展一些学习活动、快速地反馈并以激励评价为主。

（5）要树立良好的心态，不要输在态度和简单的技术层面上。简单地说教是不管用的，愤怒地埋怨只会起副作用；用好体育课，让学生调整好学习状态；班主任要积极发挥领导能力，协调好各科教师和学生的关系。

第三部分

校长育人篇

第五章 校长的教师发展观念诠释

第一节 陈经纶中学团结湖分校教师专业发展规划

经纶团分从 2019 年 4 月 19 日挂牌起，就陆续开展了一系列的整合工作，各项工作推进顺利，并取得了初步的成效。

目前，对骨干教师培养规划主要结合以下三个方面。

一、教师发展现状

经纶团分目前有初、高中部两个校区，在编教职员工 186 人，经过四轮岗聘，目前临聘岗位还需教师 20 多人。我们现在的情况是教师人数多、骨干少，底子薄、发展压力大。具体来看：

（1）在年龄结构方面，高中部教师多，占校区教师总人数的一半左右，个人发展动力相对不足；青年教师较少，占比不到 10%，教师的发展活力有待提高；初中部 35 周岁以下的青年教师占三分之一左右，但大部分还是教学的"生手"，经验相对欠缺。

（2）在学历方面，高学历人才少，两个校区有硕士研究生学历的教师只有 13 人，占教师总人数的 7% 左右，教师发展的知识储备明显不足。

（3）在骨干结构方面，两个校区市级以上骨干仅有 2 人，区级以上骨干 20 人，合计 22 人，约占总人数的 11.8%，骨干的层次和比例偏低，市级骨干教师应作为后期培养的重点。

从上述三个方面的分析能够发现，经纶团分教师整体情况是老教师多、青年教师发展基数大、高学历和高层次骨干教师比例较低、骨干梯队层级清晰。

二、骨干教师发展目标

基于教师的发展现状，根据学校教师发展整体规划，经纶团分对于骨干教师发展的整体工作思路是：特级教师寻求突破，市级骨干重点培养，区级骨干大量发展，校级骨干争取全学科覆盖。具体发展目标是在五年之内，特级教师在原有基础上争取突破 1 人；市级骨干教师力争实现 4~6 人的目标；区级骨干教师达到 15 人以上；发展区级以上骨干教师 12 人。

三、具体工作措施

为实现集团制定的"九年三段""三维七级"教师发展目标，在充分调研骨干教师的专业发展需求和专业发展目标的基础之上，经纶团分主要从以下方面促进骨干教师的专业发展，简单概括为：一个中心、两翼发展、三个平台、六项举措。

1. 一个中心

具体指要聚焦于教学质量的生命线，把完成集团下达的初高中三年成长目标作为教师培养工作的基点和核心，把教师专业发展与学校质量提升有机结合起来，以学校发展带动教师专业发展，以教师专业发展促进学校质量提升，打造"研、训、教三位一体"的教师专业发展体系。具体做法如下。

（1）课堂教学：骨干教师每学期举行 1 节校级以上公开课。

（2）青年教师培养：骨干教师每人带 1~2 位徒弟，开展师徒结对，促进青年教师专业成长。青年教师每学期举行 1 节校级研究课。

（3）教研组专业发展：骨干教师每学期组织 2 次教研组活动，进行组内的专题讲座。

（4）学校成立骨干教师工作室，为其专业发展提供各项便利条件。

2. 两翼发展

具体指教学和科研两翼，骨干教师的成长应立足于教学实践，以科研带动教学，使教学和科研齐头并进。具体做如下。

（1）充分发挥骨干教师在学科建设方面的优势，将学科建设与学校课程体系建设有机结合，每位骨干教师每学期开设 1 门校本选修课，在 2~3 年内完成 1 门校本课程建设，围绕学校"自信"课程开展建设工作。

（2）以学科研究促进课堂教学改革。骨干教师承担本学科的"自信课堂"教学改革工作，全力探索"自信、活力、高效"的课堂教学方式，每学期撰写 1 篇教学案例分析报告或者课改研究论文。

3. 三个平台

具体指要利用好集团发展平台、市区开放型教师培训平台以及校区搭建的培训平台。具体做法如下。

（1）利用好集团学科研究中心和特级教师工作室等教师发展平台，积极参加各项培训、研究工作。

（2）坚持"引进来"和"走出去"的培训策略，邀请集团的学科专家到校开展教学诊断和教师专业指导；同时，骨干教师走进集团内兄弟校、走进课堂、走进教研组，学习教育教学经验，协同开展教学诊断，聆听特级、骨干教师的指导，促进教师的专业发展。

（3）主动与市区基教研中心、市区教育学院、教科所等教育培训单位合作，充分利用公共培训资源平台，根据学科教师发展需求，开展"自信"课程建设研究相关工作。

（4）学校搭建自主成长平台，聘请特级教师指导学科建设和骨干教师专业发展，争取同学科骨干教师有一位专家指导，定期下校来指导。

4. 六项举措

具体指校区针对骨干教师和青年教师的专业发展需求，推出的六条具体发展措施。具体做法如下。

（1）课题引领。经纶团分现有区级以上研究课题 23 项，在校区的统一指导下，每位骨干和青年教师参与到 1~2 个课题的研究中，每学期撰写一篇研究论文、组织一次课题研究课。

（2）任务驱动。骨干教师和青年教师制订个人专业发展规划，明确个人年度成长目标、三年成长目标和五年成长目标，针对自己专业成长中需要重点解决的问题，制定出完成的时间，由学校进行过程性指导和考核，督促教师专业成长。

（3）双导师带教。每位骨干教师配备一位校级干部担任指导老师，对其进行过程性培养和考核。同时，聘请一位学科指导专家作为指导教师，每月开展不少于 2 次的专业指导活动。

（4）建立成长档案。每学期开展一次骨干教师成长述职活动，培养对象针对成长规划完成情况进行阶段性总结，定期梳理成长经验，及时解决重点问题。

（5）成立发展共同体。在教师自觉自愿的基础上，组建跨教研组、年级组的教师研究团队，把有进步愿望及研究热情的教师组织起来，开展校本教研活动。

（6）发展好"青年教师协会"。制定协会《章程》，以青年教师为核心，定期组织教学研讨、教学设计比赛、基本功展示、课堂教学诊断等活动，推动青年教师教育教学能力的提升。

总之，骨干教师和青年教师是学校发展的人才保障。在集团的指导下，经纶团分将根据教师专业发展的进程，不断调整工作方式方法，力争在 3~5 年内，使骨干教师的层次和比例均有较大的提高。

第二节　教师发展观：信息化校本研修

数字经济时代，随着"互联网+教育"的逐步推进，传统的课堂教学模式越来越难以满足当前教育发展的要求，现代信息技术日益渗透教育的各个方面，与课堂教学深度融合，助力教师的教和学生的学。这也对教师的专业发展提出了更高的要求。在新时代，如何更好地落实立德树人根本任务，提升教师教学能力，因应教育数字化挑战，促进教师专业发展，成为各学校持续探索解决的重要问题。[①]

鉴于此，经纶团分将信息技术作为实施教育教学改革的重要路径，重视以信息技术赋能教育教学改革的探索和研究，搭建信息化校本研修平台，逐

---

① 徐名松，刘保锋. 信息化校本研修平台赋能教师教学能力提升 [J]. 中小学数字化教学，2023（02）：77-81.

步建立并完善科教协同的工作机制，推进与信息技术融合的课堂教学改革，以课堂教学方式变革促进教师教学能力提升，提高教育教学质量。

一、教师信息化教学能力发展需求分析

为了更好地了解教师的信息化教学能力发展需求，我们从信息技术应用动机、教师发展需求、信息化教学能力培训等方面设计了包含25道问题（其中第25题为开放性问题）的调查问卷，以期从学校教师真实的需求出发，为提高教师的信息化教学能力提供有针对性的服务。

研究发现，教师在教学中应用信息技术的直接动机是教学需求较多，达81.4%；信息化教学中较为关键的影响因素，排在前三的分别是学生的学习需求和兴趣（34.88%）、信息化教学设备的配置和完善（31.4%）、教师对信息化教学积极的态度（20.93%）。其中，很多教师对于信息化教学概念的认识并不是很清晰，比例达67.44%。教师运用的数字资源主要集中于PPT类教学课件（95.35%）、电子教案（74.42%）和视频、二维动画等教学素材（69.77%）。智能教学平台使用率只达38.37%。

在教师发展需求方面，教师近三年参加过的与提升信息化教学能力相关的学习或培训时长明显偏少，没有参加过任何学习或培训的人数占23.26%，一周以上的占比为15.12%，这可能与教师对信息化教学的概念认知不清有一定的关联。在根据教学内容进行信息化教学设计方面，66.28%的教师认为有一定的难度，需要支持。在自己开发或制作教学资源（如动画、视频、微课等）方面，选择部分自己制作的教师比例达55.81%，认为较为困难的为29.07%。在信息技术应用于教学中面临的主要困难，排在前三的是工具软件不熟练（70.93%）、优质教学资源难寻（69.77%）、缺少软硬件条件支持（40.7%）。可见，教师的需求主要集中于资源和技术支持方面。

在信息化教学能力培训方面，教师的需求主要集中在微课、MOOC等设计开发技术（60.47%），教学媒体选择、开发与应用（50%），信息化教学资源的开发/再加工（44.19%）等方面。对于基本的信息化教学能力，认为自己水平较好及以上的，仅占19.76%，整体占比偏低。

面对教师信息化教学能力发展方面存在的问题和不足，结合调查问卷获得的教师信息化教学行为数据，基于对教师信息化教学微能力的分析，我们

开发了信息化校本研修平台，探究基于信息化平台的听评课形式，实现校本研修资源的共建共享，以期通过提升教师的信息素养助力教师信息化教学能力的提升，用现代信息技术赋能推进课堂教学方式变革。

二、信息化校本研修平台基本情况介绍

信息化校本研修平台致力于提升教师的信息化教学能力，更好地满足教师的信息化教学能力发展需求，基于"数据+模型"的顶层设计，聚焦课堂教学能力提升，支持学校更加科学、高效地开展教师研修与优质资源共建管理。

信息化校本研修平台注重对教师学习行为、活动行为、教学成果的采集，常态化实现教师发展轨迹的沉淀与呈现，并通过高效汇总、智能计算、可视化呈现数据，服务于学校的科学管理与决策。它共搭建了教研活动管理、听评课管理、资源库管理、成果管理四个子系统，覆盖教师教学研修的多个场景，在保证有用、有益的前提下，持续沉淀高质量的教师应用数据。

一是教研活动系统。支持学校开展多种类型的教研活动，如教材教法研究与集体备课、听评课与公开课、教学常规管理（如工作计划、档案管理）等，深入教研组，提供任务管理（评课、作业、调研、研讨等）、资源共享、照片管理的一站式工具服务，便于活动资料的沉淀及查看调用，从而形成教研活动参与数据、教研任务完成数据、教研研讨产出数据、教研资源使用数据。

二是听评课管理系统。支持学校根据需要开展不同的听评课活动，支持自定义量表评课、集体现场评课并高效汇总大家的评价与意见，相同评课量表、不同评课活动的评价指标数据比较等，为听评课教研环节减负增效，形成学生行为量表指标评价数据、教师行为量表指标评价数据、授课教师指标关注数据、评课教师/专家指标关注数据。

三是资源库管理系统。支持学校开展分组分层的教师知识学习和资源管理，以共建共享的方式促进组织内教师智慧的沉淀、分享和成果化，同时提供教师知识学习和资源管理应用痕迹的统计数据支持。主要功能包括课程资源共建、课程资源分享、课程库建设、知识文档协同共享、资源共建共享管理、教师贡献管理，形成资源自建/共建数据、资源分类数据、资源分标签数据、教师标签资源贡献度数据、教师分类资源贡献度数据、教师个人学习及

应用痕迹、资源浏览次数和点赞数。

四是成果管理系统。支持将教研活动系统、听评课系统、资源库管理系统中的数据，根据不同的需求，进行有过程、有细节、有比较的成果化和可视化呈现。主要功能包括教师发展仪表盘、动态知识网络图谱、分类成果展示页，形成教师概况数据、教师贡献数据、教师系统使用数据、资源共建数据、资源关联数据、知识网络分析数据、成果分类数据、研修活动管理数据、评课对比数据。

信息化校本研修平台实现了学校范围内信息技术、数字资源与业务的创新融合。借助校本研修平台，我们基本建立了跨学科教师研讨网络空间，通过后台数据监测教师信息化教学发展水平，推动教师信息化教学能力的提升。[①]

三、信息化校本研修平台的实践应用

结合校情和教师信息化教学发展需求，我们遵循边研究、边搭建、边试验、边实施的原则，在资源管理、教学方式改进、评价诊断变革等方面进行优化，积累了一定的经验。

（一）以数为据，加强行为轨迹分析，促进教师信息化教学能力发展

在当前"互联网+教育"和大数据的背景下，教师要充分应用各类信息技术平台、工具和资源，精准收集数据，辅助教学并评估教学效果。教师可以借助信息化校本研修平台，进行多形式的信息化教学研修活动。其中，教研活动管理系统能够支持听评课、资源评估、问卷或作业、课例提交和线上研讨等功能，基本涵盖常用的教研、科研应用，帮助教师实现跨时间、跨地点教研，提高研究的参与度和便捷度。教师通过开设网络研讨空间，发布研讨内容，并将其作为学习资源进行保存。听评课管理系统实现了跨时间、跨地点、跨学科、跨学段的听评课活动的组织与开展。资源库管理系统实现了数字资源的生成、分享与管理，教师直接通过手机微信端或者电脑网页链接就

---

① 徐名松，刘保锋.信息化校本研修平台赋能教师教学能力提升［J］.中小学数字化教学，2023（02）：77-81.

能够提交评选材料，同时自动生成个人资源，每一项活动的培训任务、学习资源、现场照片、参与情况等，均能实现一站式查询和导出。

同时，借助校本研修平台，开展信息技术应用与课堂教学融合、教师信息化教学能力体系建构、教师信息化教学课堂观测评价、教师实用信息技术实践应用等主题培训，实现培训前、中、后的全过程贯通，做到培训前充分收集教师的需求和困惑，培训中实时反馈教师的发声和动态，培训后及时跟进教师的变化和进步，以过程性数据为基础，更加及时、充分地留存教师信息化教学实践能力提升轨迹，以累积性数据为依据，探讨行动策略，助力教师信息化教学实践能力发展。

例如，要想了解"自主学习及其教学策略"主题活动信息，通过点击"报告"模块，平台会自主生成活动报告，包括本次活动任务量（4项）、参与人数（152人次）、互动次数（148次）、资源数量（1个）、图片数量（8张）等。如果要进一步了解教师参加活动的情况，点击"培训笔记上传"任务栏，可以显示出已经完成笔记上传任务的114人、未完成任务的38人的名单，做到数据的精准统计，实现一键式统计与管理。同时，基于这些数据，还可对教师的研修行为进行具体分析，有针对性地提供改进建议，助力教师信息化教学能力提升。

（二）以校为本，重视资源建设，创新信息化教学模式

借助校本研修平台，在"专家主题讲座+听评导课+实践研讨"的循环指导下，各学科组教师组成学习共同体，立足自主学习课堂，不仅能不断积累和完善教师的学习资源，而且能够相互交流与启迪，引导教师创新信息化教学手段，促进信息化教学的融合创新。①

在资源建设方面，一方面指向教师的学习资源积累。教师通过将参与教研组研讨、听评课活动、学习讲座笔记等拍照上传，收看专家的点评指导，进而形成个性化的学习资源网络空间。在信息平台上，每位教师都有"个人中心"，其中，在"我的痕迹"模块中列表显示个人在特定时间内参与的活

---

① 徐名松，刘保锋. 信息化校本研修平台赋能教师教学能力提升［J］. 中小学数字化教学，2023（02）：77-81.

动，在"我的群组"中显示个人参加的"群组"。信息平台还设置了"我的项目""我的互动""我的收藏"等个人网络空间功能模块，便于教师的个人应用。

另一方面，资源库管理系统还支持课程资源的共建、共享以及课程库的建设。我们支持各学科组建"学科资源共建群组"，分学科、分教材建设同步课程资源，包括课例、微课、课件、教学设计、成果等，服务于教师的同步教学，并以内部可见分享或公开分享模式，在电脑端和移动端分享微课视频等教学资源，支持即时打开和学习。同时，教师可以将自己的课程视频、课件上传至课程库，支持在线预览，服务于教师之间的交流。

目前，教师应用研修平台能够观看校区内部的课程（38 节）、自有课例（24 份），以及平台推荐的精品课例，包括小学、初中和高中三个学段 800 余节，做到足不出户即可学习借鉴精品课例，改进自己的教学方式。

此外，教师信息化教学实践研修平台能够更好地将学校信息化教学实践优质课例、案例、生成性资料和数据等进行结构化、可视化地汇聚、梳理和展示。经过积累和沉淀，目前学校已经初步搭建起信息化教学实践优质课例库、案例库、知识库和数据库的基础框架，并通过专家把关与技术判断的互证、筛选，不断积累形成优质课例库、案例库、知识库和数据库。

（三）节本赋能，探索基于教师信息化教学能力提升的教学研一体化管理路径

根据教师发展管理需求，为使教育教学管理更加便捷高效，我们在校本研修平台上定制开发了 8 项功能应用，统称教师研修数据可视化模块。该模块主要包括教师概况、活动管理、教师研修管理图谱、校本研修、知识网络图谱、热门课程、通知公告、最新活动等。例如，在活动管理模块，可以直接看到平台共收录了 19 次研讨、8 次活动、6 次作业等数据，还能实时统计出活动参与人次、资料数量等月度统计数据。

借助校本研修平台，还可组建不同的研究活动组，引导教师参加不同群组的研修活动。同时，了解各群组的活动开展情况，便于科学高效地掌握教师成长情况。例如，点击平台的"自主学习教研总群"，就能够查阅

154 个成员参与自主学习的情况，以及 11 次研讨记录等。也可通过教师研修大数据平台，实时提取各项数据，包括教师的基本信息、学校研修活动信息，或发布任务公告、收集整理各项活动材料等。例如，通过教师研修管理图谱，学校管理者能够看到研修活动、课题支撑、自主学习等五个模块，每个模块下又根据研究管理需求进行了层级管理，逐级深入，看到每个案例，以及活动的整体统计。运用信息管理平台，学校管理者既能够查看活动的过程性资料，又能通过数据分析，整体了解各项研究进度和实施成效。

运用校本研修平台，一方面，以信息技术支撑任务分配、协同流程、跨时空研讨等，为管理减负；另一方面，利用大数据技术，伴生性地采集教师发展行为数据、追踪过程数据、梳理成果数据，再通过数据挖掘、分析和反馈，服务于一体化管理工作的改进和提升，为管理赋能。它改变了传统的逐级通知、逐级收集整理、逐级统计的研修管理方式，提高了研修活动的管理效果，保证了各项统计数据的科学性，极大地节约了管理的时间成本和资源成本。同时，在教师专业发展考核方面，改进了传统考核的逐级填报、统计、申报等工作，使考核成为一站式数据生成，让复杂的考核评价变得更加科学、规范和公平公正。

(四) 重视量化分析，研制信息化课堂教学行为观测量表

为了更好地检测教师信息化教学能力提升情况，我们研制了课堂观测量表（表5-1），学科教师通过学习相应量表，在信息教学素养、教学设计、教学实践和教学评价四个维度，由传统的第三方评价实现自我实践和反思，为教师的信息化施教提供了设计依据和评价规范，提高了教师信息化施教能力。[1]

---

[1] 徐名松，刘保锋. 信息化校本研修平台赋能教师教学能力提升 [J]. 中小学数字化教学，2023（02）：77-81.

表 5-1 课堂观测量表

观察指标	观察要素
信息教学素养（25分）	教学活动能够基于学科性质和特点，充分挖掘其育人价值，落实立德树人根本任务
	能够具有在教学中运用信息技术以及开展信息技术与课程整合的意识
	能够掌握信息检索、加工、存储、利用等基本信息技术知识，能够运用信息技术丰富学习资源
	能够熟练操作计算机、投影机、交互白板等多媒体教学平台，以及摄影机、摄像机等教学设备
	能够熟练安装和使用与教学相关的通用软件和学科软件，实现资源的设计、开发、加工和呈现
信息教学设计（25分）	能够利用问卷、量表等分析学习者的学习动机、学习兴趣、学习风格等，能够运用合理、灵活、有效的方式方法，吸引学生积极主动地投入学习过程
	能够建立民主、和谐、安全的学习氛围，激励学生主动思考、提问、交流、质疑和创新
	能够利用多种学习资源、教学或者学习平台设计学习情境，根据学生的学习需求和学习基础，让其进行体验感受、尝试探究、实践应用等
	能够给学生提供所需的学习资源，对资源进行合理恰当的处理和组织，并关注学生对生成性资源的利用
	能够利用网络搜索工具收集、选取与教学内容相关的资源，根据具体内容和学生特点，合理选择运用教学媒体，提高学生学习效果
信息教学实施（25分）	能够利用信息技术管理教学资源或学习资源，能够利用教学或学习平台开展课堂教学或学习活动并进行管理和指导
	能够根据学科内容、学生认知特征和个性差异等，在预习、听课、阅读、复习、作业、实践等环节给予学生具体学习方法的指导
	能够利用相关的软件或设备组织、记录课堂活动，并给予学生及时恰当的反馈
	能够利用网络学习平台开展合作研究、同伴教学指导、工作坊等多种形式的合作与交流
	能够处理如断电、电脑死机、多媒体故障、音频视频文件播放故障等突发性事件

续表

观察指标	观察要素
信息教学评价（25分）	能够依据学习目标开发评价方法与工具，并引导学生进行自我评价
	能够利用信息技术手段收集评价信息
	能够利用可视化软件分享学习评价反馈结果
	能够利用记事本、电子白板等信息技术手段收集信息，进行教学反思、改进教学
	能够利用恰当的信息技术手段，围绕学习目标实现情况设计评价方案

观测量表共分为 4 个指标，25 个观测要素；满分 100 分，每个要素满分 5 分，依据课堂表现按要点分类赋分。观测量表分为数量评价和言语评价两部分：数量评价是对教学行为进行外显评价；言语评价是总结性评价。按照教学行为的整体表现，本量表分为四个评价等级，分别是优秀 A（85—100 分）、良好 B（70—84 分）、合格 C（60—69 分）和不合格 D（0—59 分）。评价对象为本校非信息技术类文化课教师。

利用量表，教师还可在线评价研讨。例如，教师讲授了"铁盐和亚铁盐"一课，9 位评课教师从 12 个评估维度进行评测，既能生成单项评估的数据，又能看到评价者的整体评价建议，便于教师对课堂教学进行研磨、反思和提升。

四、效果与思考

利用校本研修平台，我们实现了对教师备课、教研活动的任务管理，通过一站式工具服务，既可以深度参与到学科组活动中，又可以及时查阅学科组的活动资料，解决了教研、科研对活动地点、时间统一的限制，使学科组活动更加便捷、教师的参与度更高、活动效果更好。同时，该平台与学校的教学监控系统联网之后，能够实现实时课堂观测，一键式了解教师的备课、授课、个人专业素质发展等情况，在一定程度上改变了学校学科教研和听评课的传统模式。

同时，利用校本研修平台，学校实现了"一课三观"，即一节课堂教学实录能够实现教师复盘、学科组教研以及专家点评指导的三位一体功能，及时生成教师发展图谱，便于教师借助信息化教育能力自评量表，实现自主发展，进而提高教师的专业发展素质。①

虽然我们在利用研修平台方面做出了较大努力，也取得了一定的成果，大大减轻了教师教学研究压力，提高了教师教研动力和个性化施教能力，但是信息化校本平台的建设和应用受到硬件设施（包括直播、存储、网络设施）升级的制约，一些平台应用开发尚不完备，设计的"一课六观"功能还没有完全实现，有待进一步开发和推广应用，进而在更大范围内展现其综合应用功能，以教师信息素养提升支撑教师自主学习和教学能力提升，同时激励教师转变教学模式和提高教育效果。

第三节　教师应该实现立德树人

师德是教师职业的基本品性修养，随着社会的不断发展，人们对师德的认识理解也在发生着巨大变化。国家和教育主管部门出台了很多具体的条例及管理办法，意在从过去的情感修养管理逐步过渡到类似于法律法规的规范管理，更有利于明晰边界，判断是非。作为基层一线教育工作者，我们教师特别需要明白的是师德要求的变化已经从个性修养上升到行业规范要求和规范管理要求，师德已经具有了一般管理条例的规范要求功效。

一、加强师德修养要理解好师德的三个层次：法律、规范、德行

把师德分成三个层次进行分析是便于理解其严肃性。师德严格规范意义上不是法律，但它已经具有了法律的参照惩处功能，严重违反师德的一票否决，轻者不能晋级、评优、评职，更不用说各类荣誉称号的评选；重者将面临开除公职，从行业中除名，这类处罚已经比一般违反治安管理行为的处罚更严重。

师德的第二个层次是规范性，主要是针对教师所从事的教育行业特殊性

---

① 徐名松，刘保锋. 信息化校本研修平台赋能教师教学能力提升［J］. 中小学数字化教学，2023（02）：77-81.

而言，这方面大家经常接受各种宣传教育，每年的 4 月是朝阳区的师德宣传月，全区中小学集中展示宣传师德，作为行业规范。

所谓德行，是指教师作为一个以育人为主的工作，对从业者品德修养的要求远远高于社会一般行业，尤其面对的是未成年的孩子，更需要教师修身养性，加强品德修养，提高个人综合素质，高标准要求自己，厚德载物，在此基础上再掌握一定的育人教书技术。具体的师德标准，正如习近平总书记提出的"四有"好教师：要有理想信念、要有道德情操、要有扎实学识、要有仁爱之心。作为一般校，生源一般，学生基础也一般，更需要我们做好教师，有仁爱之心。因为爱是教育的灵魂，没有爱就没有教育。好教师要用爱培育爱、激发爱、传播爱，通过真情、真心、真诚拉近同学生的距离，滋润学生的心田。好教师应该把自己的温暖和情感倾注到每一个学生身上，用欣赏增强学生的信心、用信任树立学生的自尊，让每一个学生都能健康成长，让每一个学生都能享受到成功的喜悦。

二、加强师德修养要管住三个底线：管住嘴、管住手、管住情绪

2019 年 12 月，教育部、中央组织部等七部门印发《关于加强和改进新时代师德师风建设的意见》，进一步明确新时代师德师风建设的指导思想、基本原则、工作目标及任务举措，基本建立起完备的师德师风建设制度体系和有效的师德师风建设长效机制，也提出了高标准加强师德建设较为全面的要求。加强师德修养要管住三个底线，即管住嘴、管住手、管住情绪。老师每天都要面对未成年学生，无论是质量要求的压力，还是学生本身的问题造成的工作负担，都有可能让老师情绪失控，随口说出有可能对孩子造成伤害的语言，甚至有可能错误地使用惩戒手段。一般情况下，老师像父母一样，希望每一个同学每天都能进步，不断提高学习水平，目的肯定是好的，但方式方法不合适，甚至是违反师德规范的，也是不允许的，即大家说的好心办坏事。所谓管住三个底线，就是守住红线，绝不允许有违反师德的行为发生。

三、加强师德修养要拥有三个境界：有爱心、有方法、有口碑

正如前面谈到的，师德已经具有了法律的参照惩处功能，作为教师，谈论师德绝不仅仅是要守住底线，远离红线，我们更应该追求更高的境界，努

力做好教师、优秀教师。习近平总书记提出的"四有"好教师，就是标准，也是境界。加强师德修养的三层境界：第一，要有爱心，其是我们做好教师的最基本德行素养。第二，要有教育教学的方法，好的方法才能把自己的好想法转换成做法，见成效。第三，要有口碑，即不仅需不把事情做完了、做成了，更要做好了，让家长与同学满意，让社会满意，最终实现办好人民满意的教育。这也是加强师德修养的初衷和目的。

对教师来说，不断加强师德修养，将是作为教师一生的修为，也是做好教师的基础与保障。无论是谈师德的三个层次理解、加强师德修养管住三个底线，还是追求三个境界，都是在提醒大家，作为人民教师，加强师德修养不是个人德行修养问题，而是高标准的职业要求，做好教师是每一位教育人的初心，加强师德修养，实现立德树人。

第四节　师徒结对子是青年教师发展的桥梁

经纶团分组织学校新老教师开展结对活动，目的是通过优秀老教师在其教育教学经验、方式、方法等方面的言传身教，让青年教师更快、更好地成长，毕竟学校的办学质量是由教师的整体水平决定的。

教师这个职业很特殊，首先，它是非常专业化的，若没有经过严格的学习培训，没有扎实的专业基本功，则很难胜任教师岗位；其次，如何把国家育人标准、课标的要求、学校办学质量要求，以及家长和学生的期待等，通过教师、教材、教研转化到学生身上，又需要一些非常专业的方式、方法、途径等；最后，育人这项工作不是孤立的，它是全社会共同参与，学校与家庭特别关注的。

青年教师如何更好地成长，处理好"三法"（教法、学法、活法）是基础，也是关键。

（1）关于教法，一般师范教育在高校学习时，并没有安排具体的教学方法培训，大家只会学习教育学、心理学等。其实，当教师学习研究教法，这一课很重要，也是一个永恒的话题。有的即使学了也缺乏针对性，因为每一个学校强调的教法重点不同。教法是活的，是技能性的，只有从身边榜样那里观摩学习到的才真正管用。

（2）关于学法，每位教师都是当年的优秀学生，都有自己的学习方法，很成功，也很管用。学习方法问题归根结底就是要结合时代、学校、学科，尤其是学生本人，给出个性化的指导。

（3）关于活法，学会处理集中五种关系。

①与领导的关系。解决好个人与集体标准要求的关系；②与同事的关系。解决好团队合作主流文化的关系；③与家长的关系。处理好分工合作与边界问题；④与学生的关系。解决好针对学生，教师的多重角色问题：导师、导演、监护人、朋友；⑤与专家的关系。借鉴、参考，把握方向，克服专家的极致化倾向等。

第六章 校长育人的观念解析

第一节 三全育人的实践观

北京市的教育课程改革已经实行很多年了，但从 2014 年开始北京市教委为深化教育领域综合改革，落实《北京市中小学培育和践行社会主义核心价值观实施意见》（京政办发〔2014〕52 号）、《北京市基础教育部分学科教学改进意见》（京教基二〔2014〕22 号）精神，切实解决基础教育中存在的深层次问题，进一步扩大各区县和学校课程建设自主权，特制订《北京市实施教育部〈义务教育课程设置实验方案〉的课程计划（修订）》（以下简称《课程计划》）。

通过一系列的课程改革，经纶团分做了如下实践。

一、树立一个教育理念——为学生的终身发展做好积淀

为了摆脱应试教育思想的束缚，切实转变教育观念，牢固树立"为每一个学生的终身发展"的新课程理念，经纶团分采取了一系列措施来促进教师观念的转变。

（1）组织全体教师进行新课程通识培训。通过学习上级相关文件、聆听专家讲座等方式，让教师深入了解新课程的理念和要求。

（2）开展主题讨论活动。围绕人才观、价值观、教育观等主题进行讨论，促进教师间的交流与思考。

（3）学校领导带头学习。领导层率先学习新课程理念，并积极参与每一次的课程培训、教研活动、公开教学和社会宣传活动。

（4）认真组织准备。学校领导应确保每一次活动的顺利进行，包括做好各项准备工作。

通过这些举措，应旨在促进教师新旧教育观念的碰撞，激发新的思想火花，使每位教师的认识在学习中得到提高，观念在讨论中得到更新，行为在交流中发生转变。这些努力为实施基础教育课程改革奠定了坚实的思想基础。

二、设计一条课程主线——打造课程三级模式

落实"拥有创新精神和实践能力的中学生"的育人目标，在引导学生学习学科知识的基础上，着眼于时代的要求，培养学生具有民族精神和社会责任感；具有基本的人文素养与科学素养；具有探究能力、实践能力、合作交流能力以及健康的身心与个性；形成愿学、乐学、善学和终身学习意识与能力，逐步建成具有我校特色的"创新+实践"课程体系。

（1）国家课程——主题化设计，打造"1234 活力课堂"。

（2）延伸课程——系列化设计，打造精品课程。

实践类学习：①尊重学生的兴趣、爱好与特长；②体现学校所处地理位置的优势和关注重大时间点；③打破学科边界，融合多个学科知识，以研究性学习为核心，以社会实践活动为载体，围绕一个主题展开学习；④充分依托北京各大博物馆、基地等社会资源进行开发，密切联系生活实际；⑤关注传统文化，传承中华经典。

（3）特色课程——个性化设计，全方位育人课程。

学校定期举办特色课程展示活动，在校园文化活动中陶冶学生情操、强健学生体魄、提升学生文化品位，让他们感受成长的快乐和幸福，同时为满足其个性发展创造展示交流的平台。通过开展一系列社团活动，张扬了学生的个性，树立了"特色课程发展学生个性"的办学品牌。

三、围绕一个课堂中心——为教师的课堂教学做好转变

学校课堂教学十分注重教师的主导作用。在"教"上多下工夫，有针对性地对各种问题进行指导、调控、激励、点拨，从而提高"学"的质量和效率。提倡诱导、引导、指导、疏导；导目标、导疑点、导方法；把课堂教学的重点放在"导"上，把"导"的重点放在"质疑"上，把"质疑"的重点放在"方法"上。最终把重点放在"学会学习"和"培养能力"上。

每学年的上学期开展"1234"活力课堂，通过课堂展示大练兵，唤醒"教师活力""学生活力""知识活力"；每学年的下学期开展青年教师基本功活动。

四、落实重点工作

重视教研组的工作。每个教研组每周都会固定半天的时间进行组内的研讨活动。利用教研活动的时间组织切实有效的学习讨论活动，确立活动的专题，用先进的教育理念支撑深化教育改革，改变传统的教学模式。在学习、交流和实践的过程中，学科教师将新的教学理念融入教学实践中，将教学重点放在培养学生的合作交流意识和实践创新能力上，同时尊重学生的个性化需求，培养了其自主学习能力。

参与课题研究。为促进朝阳区初中校教育质量均衡发展，力图探索将初三德育工作与毕业复习教学工作相融合的途径，借力北京市学科教学专家和德育专家，共同指导实验校的工作，从而提升教学成绩、促进学生全面发展。借助市级专家的力量，通过非智力和智力双重干预促进初三年级学生健康成长，通过项目实施全面提升毕业年级的教育教学质量。

五、适应考试改革，积极探索走班选考的课程安排

1. 学生初步选课统计

通过问卷统计学生的选考科目，统计信息如表6-1所示，学生选择物理、历史和地理、思品的较多，占所有学生的67.5%。可见，学生在职业生涯发展方面已经有了初步的关注。

表6-1 学生选课信息统计

初二年级学生选考科目统计				
种类	必考3门	选考1	选考2	选考3	人数
1	语文、数学、外语	物理	生物（化学）	历史	6
2	语文、数学、外语	物理	生物（化学）	地理	5
3	语文、数学、外语	物理	生物（化学）	思品	8

续表

种类	必考3门	选考1	选考2	选考3	人数
\multicolumn{6}{c}{初二年级学生选考科目统计}					
4	语文、数学、外语	物理	历史	地理	45
5	语文、数学、外语	物理	历史	思品	36
6	语文、数学、外语	物理	地理	思品	3
7	语文、数学、外语	生物（化学）	历史	地理	5
8	语文、数学、外语	生物（化学）	历史	思品	12
9	语文、数学、外语	生物（化学）	地理	思品	0

2. 具体排课方案

（1）每周一下午，历史、生物、思品老师分别固定在三个班级，依据选课的情况将学生分组，按不同时段进班上课。大部分同学都是上其中的两节课，出现在不同时段有学生空课的情况就到自习教室去自主学习，由固定教师负责管理。

（2）将周四下午的三节课作为主题实践课，根据学生选课情况，分为三大主题实践：史地主题实践（50人）、史思主题实践（46人）、理化生主题实践（37人）。

①主题实践内容设置。

史地主题课：大运河的变迁、认识美国、走进皇家园林等；

史思主题课：历史名人看担当、统一的多民族国家、走进圆明园、研究性学习等；

理化生主题课：运用科学方法进行的探究、实验的融合、走进科学场馆、动手动脑玩转科学等。

②主题课程要求。

主题实践活动设计是跨学科学习的重要基础。同一学习任务，以多科学习方式介入，真正展开主题实践活动学习。

依据中考要求，进行主题活动课程内容的设定，要有一定的范围限制。

主题实践活动学习基于学生的直接经验、密切联系学生自身生活和社会生活、体现对知识综合运用的课程形态，强调态度、能力、知识综合性的培养，不仅关注学生知识技能的习得和智力的发展，而且关注其情感的体会、态度的养成和价值观的确立。

为此，学校主题实践活动的安排如表 6-2 所示：能够统筹学生课内外、个人发展与全面成长的安排，助力学生全面健康发展。

表6-2　学生主题实践活动安排

	星期一	星期二	星期三	星期四	星期五
第1节					
第2节					
第3节					
第4节					
第5节	历史、生物、思想品德走班上课			主题实践课	
第6节		班会		主题实践课	
第7节		阅读活动课		主题实践课	

说明：课表其他空位按国家课程安排的课时进行排课。

第二节　校长的学生观

一、仰望星空，养浩然之气

回顾 2020 年，人类命途多舛，遇百年未有之大变局，在党的领导下，中国人民再一次向世界展示了东方智慧与责任担当。人类命运共同体诠释了五千年的仁者爱人理念，"一带一路"是我们选择的和平发展道路，其必将给中国人，也会给远方的朋友带来幸福与安康。中国人的道路自信、理论自信、制度自信和文化自信为中华民族的伟大复兴敲响了时代最强音，中国人的自信是干出来的！

每一代人都有自己的历史使命与责任担当，我们的祖父辈为了生存、生活努力工作奋斗过。单从物资条件方面讲，我们现在确实比他们那时候好多了，但其实我们面临的挑战在某种程度上比祖父辈更大更难。改变生态环境、创造和谐社会，这些都需要更高层次的智慧、科学技术和社会人文管理能力。国家的理想、时代的需求、国际的竞争，强烈呼唤每一位有志的青少年，胸怀大志，志存高远，要仰望星空，养浩然之气。

二、百年豪情，勇往直前

春天总是会带来新的生机和希望，校园又是最有朝气的地方。建党百年，带给中华民族的是站起来、富起来、强起来，中国人的文化自信、蓬勃的进取精神，感染着每一个炎黄子孙。

健康工作五十年，幸福生活一辈子。身体是生活幸福的基础，也是生机勃勃、勇往直前精神的源泉。体育是科学，要学习方法和技能，其同时也是一种不服输、不怕挫折、不畏艰难的进取竞争精神，一种强调协助合作、珍惜集体荣誉感、为国争光的精神。

德智体美劳五育并举，全面发展，是我们国家的育人方针。学校举办运动会，就是要以此来检验同学们的运动水平，在活动中增进交流，促进同学们提升体育锻炼意识，加强体育锻炼，提高身体素质，以百年豪情激励我们勇往直前！

三、唱响红歌，感悟真理

红歌是外化的现代中国人的心声，是我们集体的信仰、自信、拼搏精神。唱响红歌，要感悟其间三重境界：

第一，是高尚的信仰。信仰即世界观、人生观、价值观，与理想结合凝结的一个高点，一颗指引方向的明亮的星。有高尚信仰的人，做事心无杂念，气质非凡。有信仰，心才能有归属感，才能走得更远，成就更大的事业。

第二，坚定的信心。信心比金子更可贵，有信心的人做事更努力、更乐观，更有可能把事情做好做成。在最黑暗最艰苦的时期，革命先辈仍然在高唱："没有共产党就没有新中国""雄赳赳、气昂昂，跨过鸭绿江""五星红旗迎风飘扬""向前向前向前我们的队伍向太阳"！这是革命乐观主义，也是对国家民族的信心，更是对自己的信心。

第三，努力拼搏。有了信仰就有了方向，有了信心就有了态度。但路是走出来的，事是做出来的，没有吃苦耐劳、永不服输的拼搏精神，一切都是纸上谈兵，空中楼阁，不经历风雨难见彩虹。

我们现在的生活条件好了，一般情况下也无须大家用青春的热血去捍卫民族的尊严。我们今天唱响红歌，是感念先辈们用其努力、牺牲为我们创造的美好家园。同时，也要通过红歌这种载体树立坚定的政治信仰，增强做成事信心，提升努力拼搏的精神境界，在红歌声中感悟真谛。

第三节　掌握学习的主动权

一、成长与学习

如何掌握成长与学习的主动权？作为校长，特别珍惜每次面向同学们的讲话机会。把自己特别想告诉同学们的话说好，既不是简单的父辈说教，不是老师已经说过的指导，更不是走过场。太大的话题不是三言两语能说清楚的，太高的立意又会让同学们感觉不接地气。就像老师在授课之前都会充分地备课、设计一样，我们这样用心地去准备，都是想实现一个好的沟通效果。

人总是要长大的，总是要面对人生三问：我是谁？我在哪儿？我要干什么？从初中开始，你们的行为有时会被家长认作的"叛逆"，其实那是你们开始有了自我意识、独立人格精神，是成长的烦恼，是好事。如果你能清醒地意识到自己处在这样一个特殊成长阶段，又能很好地主动调节好与家长、教师的关系，那么你就是同龄人中的智者。

同样地，你们面对的主要任务是学习，但也有一个如何变被动为主动的问题。学习不仅要掌握很多知识，还要理解很多行为与现象，通过大量的训练与体验，这些最终都会成为你们的习惯、技能与素养。

如果你能早一天认识到学习是自己的事情，别人不能代劳，又能很好地训练自己掌握一些学习方法，养成良好的学习习惯，甚至拥有评价自己学习行为优劣的能力，你就实现了主动地学习。

二、学会"自主学习"

自主学习，对学生来说就是通过激发其内在学习动力、潜在渴望和好奇心，从知识、能力、情感态度与价值观等方面全面培养其主动学习的动能

第四节 文化精神观

一、五四精神永驻，拼搏青春无悔

五四青年节源于中国 1919 年反帝爱国的"五四运动"，其是一次彻底的反对帝国主义和封建主义的爱国运动，也是中国新民主主义革命的开始。1939 年，陕甘宁边区西北青年救国联合会规定每年的 5 月 4 日为中国青年节。

五四运动如闪电惊雷，劈开旧中国如磐铁幕，唤醒暗夜中沉睡的灵魂，以磅礴之力鼓舞了中国人民和中华民族实现民族复兴的志向和信心。"五四运动以来的 100 年，是中国青年一代又一代接续奋斗、凯歌前行的 100 年，是中国青年用青春之我创造青春之中国、青春之民族的 100 年。"

五四风雷，激荡百年。

百年间，天翻地覆，但青春的旗帜依然鲜红。

五四运动留下了无比宝贵的精神财富——五四精神。历经革命年代、建设年代、改革年代，它代代传承、历久弥新；实现民族独立、人民解放和国家富强，它点燃信仰的火炬指引未来。

时空变幻，唯有精神永恒。

五四精神在哪里？在国家砥砺前行的步伐中——顽强拼搏的奋进者，以青春热血铸就青春中国。

青年，是时代的先锋，是未来的主人。年轻是最大的财富，青春是最大的赌注，奋斗是最大的胜数。拥有理想，让未来大放光彩；拥有青春，让脚步神采飞扬；做时代先锋，为祖国增光添彩。让我们"爱国"心长存，"进

步"路长走，"民主"歌长唱，"科学"灯长明。

五四精神的核心就是爱国、进步、民主、科学。

青年人的教育永远是最重要的，因为青年是国与家的未来，青年的表现也是最能牵动人们心弦的。正如梁启超先生所说，"少年胜于欧洲则国胜于欧洲"。

今天，我们正昂首阔步走在中华民族伟大复兴的道路上，不久的将来，青年将成为主力军，父母家人需要你们，国家更需要你们。拼搏吧，青春就是用来奋斗的，成为更好的自己，成就精彩的人生！

二、棋艺的文化传承

中华文化中有很多有关棋艺的美好的传说，其是高贵品质、是超凡智慧、是君子秉性的呈现、是胸怀天下大丈夫临危的淡定、是士大夫的闲情雅致、是书生文气的琴棋书画。现代哲人又赋予棋艺启迪智慧和养性立德等修为的功效解释。

中华文化博大精深，孕育产生了许多人类非凡智慧。围棋和象棋便是古老中华文明的智慧之光，无论是戏谑的萌童，还是耄耋的老人，一方石板、一片树荫，便可上演一段喜怒哀乐的情景剧；更不必说在文人墨客笔下那叱咤风云的侠侣和飘逸行走江湖的雅士，个个都被描绘成棋中圣手。棋艺既是中华文化中智慧的象征，也是情趣高雅的标志。

作为古老的益智游戏，棋艺在中华大地上已绵延数千年，其已成为中华文化的重要组成部分。棋艺中的奥妙是一个永无止境的智慧宇宙，值得让学生去体验、去探究，驾驭智慧，在棋盘上驰骋，去探索无数组合的博弈与决策。棋艺既是智慧者的游戏，也是勇敢者的挑战，更是仁者乐山和智者乐水的心性陶冶。

学生可以在课后学习疲倦之际，或阅读几页棋类书刊，或闲敲几下棋子，与古老文明做一个简单的结识；若有雅兴，还可牛刀小试，在棋盘上纵横捭阖一回。在博弈中锻炼自己的心智，在运筹帷幄中体验决胜千里的快感。智能是多元的，兴趣应该是多样的。棋艺可以帮助学生体验多彩纷呈的学校生活，启迪智慧，不断增强人生自信。

三、在变革中自信前行

变化、变革、改革、革新、创新等，近些年这些热词在教育界频频出现。从时代发展对教育的要求来讲，它们是对的，但我们教师希望静待花开，这不仅符合育人的发展规律，也符合我们教师育人的节奏和方式。情感呼吁我们慢下来，等一等灵魂，让孩子们更健康、更快乐地成长。不知道从何时开始，社会上的一切事物都变得让人难以平静，更高、更快、更强——这些本是奥运赛场上一时的激励话语，竟成为社会各行各业工作状态的基本标准。

面对当今世界异常激烈的竞争，国际局势风云变幻，科技创新带来的新一轮技术革命，甚至是划时代的变化升级，教育的发展已不仅仅是知识的传播，更是肩负着重大的社会责任与历史使命。我国面临百年未有之大变局，进则披荆斩棘，一片光明；退则一时安逸，再难遇春风。千言万语总结为一句话，既然选择做光荣的人民教师，那就累并快乐着！累是因为我们每天都超负荷工作，披星戴月，只因我们的责任、情怀和梦想——梦想着再带出一届优秀学生，又为国家培养一批优秀的人才；也为了迎望无数家长与学生期待的眼神时，我们可以自豪且安心地微笑。

回望过去，我校师生共同努力，做到了在变革中自信前行。近年来学校获得了多项荣誉和社会好评，中高考成绩取得了历史性突破，这期间有大家共同的努力，更有部分教师的卓越贡献。学生积极参与各项社团和校本活动，培养了个性化，提高了实战能力，全年学生各类比赛获奖近200项，可喜可贺。

学校教师队伍也在悄悄地发生着巨变，过去我们强调老老实实做人、踏踏实实做事，今天我们已经达成共识——科研兴校。努力地做一个明白人，做一个掌握教育教学方法的能人，大家从理念、方法到提高课堂教学质量的实践做法，无不透着新思想、新理念、新梦想、新情怀。教师队伍是能够胜任我校转型升级任务的，翘首以待，来日可期！

学校的管理也在发生着变化。向管理要质量，首先管理不仅要科学、公平、公正，更要服务贴心、及时，管理文化是学校文化中距离大家最近的。管理的功能有很多，既要负责学校目标定位与规划发展、制度建设、文化氛围营造，更要服务人。营造和谐氛围，凝聚团队合力，在新一轮育人方式变革进程中，自信前行。

第五节　课程营养观

一、根深叶茂：让自信教育课程体系更有"营养"

课程，是学生接受学校教育最基本的"母本"；教材，是学生校园阅读知识世界最基础的"蓝本"。两者构成了学生校内外学习的最大基地。课程开设的多少和教材使用的多少影响着学生学习世界的"视野"，学生课程的丰富性足以表明学校为学生成长开辟的广阔性。

二、夯实课程丰富的地基：为学生终身发展奠定"宽+厚"根基

课程，是学校的主业，也是教育者的牵挂。立足于学生的全面发展和个性发展，经纶团分形成了"国家课程校本化，拓展课程主题化，综合课程特长化"的自信教育课程体系，具体包括基础类课程、拓展类课程和兴趣特长类课程等。其中，国家课程校本化重在提升教师对课程的执行力，促进学生更好地成长。近年来，学校教师围绕教研组的研究主题，通过选择、改编、整合、补充、拓展等方式，对教材进行"二次开发"，使教学内容更符合学生、学校实际和需求。

1. 拓展课程力求"主题化"

主题课程建设，重在提升教师对课程的施展力。立足于利用丰富的教育资源，搭建学生个性化发展的平台，让缤纷的课程变成他们童年生活的"万花筒"。如读书活动课程——学生成长的"点金石"：引导学生诵读《诗经》《千字文》《论语》等经典。

2. 综合课程立足"特长化"

综合课程特色创建，重在提升教师对课程的开发力。学校共开设了18门特色课程，比如插花、武术表演、瑜伽、动画天地、SETMA创意创客课程、课本剧表演、模拟职业招聘、职业体验等，涵盖了艺术与健康、科学与技术、

人文与社会等不同领域。还与北京体育大学、首都体育大学等高校密切合作，输送武术、田径体育特长生，为学生的特长发展搭建平台，拓宽学生成长空间。

三、拓展课程丰富的天地：为学生个性化发展开辟"独+广"道路

课程并不局限于校内，讲授也不限于在校教师。课程丰富性，不仅突出地表现为"社会实践课"的多姿多彩，还表现为"实践活动课程微型课"的层出不穷。

对学生成长而言，参加"实践活动课程微型课"相当于为其学习补充"维生素"。微型课程中的知识和技能，很多是学校无法提供但学生又需要的。引导学生走向校外，向生活学习，组织家长走进校园，传授知识，这样的课程不仅拓宽了学生的视野，而且找到了实践与课堂相结合的育人通道。

实践中，课堂教学往往只重视智育目标，淡化甚至缺少德育目标，这是十分不正常的现象。事实上，诸学科中寄寓着丰富少，按其形式可分为显性的、隐性的、潜在的德育内容。课堂教学活动的过程不应仅仅局限于教室的四壁，以及书本构筑的抽象世界，而应走出教室，走出书本，走向生活，以学生周围的自然生活、社会生活、家庭生活、学校生活、自我生活为背景展开，这样才能帮助学生实现个性生命的全面、真实发展。[①] 以学生的生活经验为基础展开教学，可使抽象的概念形象化，便于理解和接受。事实证明，"道德的课堂、生活的课堂、对话的课堂、探究的课堂"的意识，对课程的通融性和特点性的理解与把握，有利于课程得到最大限度的丰富。

四、发挥课程丰富的功能：让优质课堂教学产生"通+特"效应

为了充分挖掘每一个学生的潜能，我们还开创了自主学习课堂模式，通过"导、思、议、展、评、检"六个环节激发其课堂积极性，提升其认知能力和思维能力。首先，教师要摸清学生相关知识、基础、能力和心理准备，起点放在学生最近发展区的水平，使新旧知识链接。其次，根据学生实际情况，确定其能达到的目标，教学内容由易到难分解成合理层次，分层推进，

---

① 徐丽. 流行文化语文校本课程构建设想［D］. 宁夏大学，2014.

使学生层层有进步，人人处于积极学习的状态，增强自信心和动力。再次，改变教师以讲授为主的倾向，让学生主动参与课堂活动、自我表现，促进师生互动、生生互动，能力发展逐步积累，从而促进各方面的发展。最后，"学、讲、练、查"相结合，让学生感受到自己的进步和学习的乐趣，并乐于接受下一个任务。同时，教师也能及时发现学生存在的问题，调整教学进度。

总之，课程是一所学校最核心的竞争力。好的学校，必然有好的课程作为依托与支撑。课程的丰富性，着眼点在于，为学生的全面发展和个性化发展提供最优质的教育资源和最大化的教育服务，从而为学生的终身发展奠基。

第四部分

自信教育篇

第七章　学校办学的基本方向

第一节　坚持社会主义办学方向

教育是国之大计、党之大计。要从党和国家事业发展全局的高度，坚守为党育人、为国育才，把立德树人融入思想道德教育、文化知识教育、社会实践教育各环节，贯穿基础教育、职业教育、高等教育各领域，体现学科体系、教学体系、教材体系、管理体系建设各方面，培根铸魂、启智润心。

一、以党的教育方针为根本遵循，全面落实以人为本理念

21世纪以来，我国第八次基础教育课程改革已经很好地体现了"以人为本"的理念。党的十八大以来，面对世界百年未有之大变局，育人问题成为新时代的首要问题。

"培养什么人、怎样培养人、为谁培养人"是教育方针必须明确的根本问题。新时代党的教育方针简单明了而又全面准确地回答了上述三个基本问题，明确了"为谁培养人"，即教育必须为社会主义现代化建设服务、为人民服务；"怎样培养人"，即教育必须与生产劳动和社会实践相结合；"培养什么人"，即培养德智体美劳全面发展的社会主义建设者和接班人。

二、全面贯彻党的教育方针，全面落实为国育才

党的教育方针是党关于教育的指导思想和基本纲领，是党的理论和路线方针政策在教育领域的集中体现，是党和政府制定教育政策及开展教育工作的重要依据。新时代党的教育方针是一个整体，内涵丰富。全面贯彻新时代党的教育方针首先要完整把握和准确理解其核心要义。

明确党的领导是新时代教育发展的根本保证。党的教育方针是党的教育

主张，制定教育方针是党实现对教育工作领导的重要途径。"为党育人、为国育才"是教育的使命，党的领导是教育事业健康发展的根本保证，新时代的教育必须坚持党对教育工作的全面领导。

明确培养德智体美劳全面发展的社会主义建设者和接班人是新时代我国教育的根本目的。新时代党的教育方针确立的教育目的，坚持马克思主义关于人的全面发展理论，反映了新时代党和国家对人才的总要求。这种人才必须既是德智体美劳全面发展的人，又是社会主义的建设者和接班人。这一教育目的既是我国各级各类教育制定培养目标和人才标准的根本依据，也是对各级各类学校教育教学的基本要求。

第二节　落实立德树人根本任务

一、学校办学定位

学校以创新、协调、绿色、开放、共享的新发展理念为指导，全面建设面向每个人、适合每个人、开放灵活的教育教学管理体系。学校通过推进育人方式变革和管理优化，不断完善学生人格、挖掘师生潜能、激发师生创新活力，满足区域内群众对高质量教育的需求。全校师生共同的奋斗目标是把学校办成全面推进素质教育，实现人民普遍满意的优质化、特色化、现代化、国际化的京城名校。

1. 优质化

学校优质化主要指提升办学品质，办好初高中优质教育，满足区域内群众日益增长的对于高水平高质量的教育需求。具体目标包括培养全面发展的优质中学生、助力教师专业优质发展、提供优质教育教学资源等。

2. 特色化

学校特色化是指落实国家推进"双减"要求，推进五育并举一体化管理，实施课程一体化建设，建设特色发展高中，培养具有自信品质的学生，努力办好富有自信文化特色的完中教育。

3. 现代化

在学校未来的发展中，既要建设好现代化办学环境，又要用现代化办学理念、现代化学校课程体系、现代化教育教学模式培养符合新时代发展需求的复合型人才。

4. 国际化

学校发展既要立足区域发展优势，也要具有世界眼光。经纬团分地处CBD中央商务区，毗邻中央电视台、人民日报社等国家新闻机构，处于国家对外交流窗口区域。基于区域发展的国际化和现代化定位发展，经纬团分将逐步开设国际文化类课程，推进国际理解教育、培养学生的国际化视野。

二、学校办学理念

经纬团分从 2007 年起关注学生自信心培养问题，2016 年正式将自信教育作为学校育人文化构建自信教育育人体系，在该体系引领下，经过持续的建设优化，逐步完善了学校的自主课程体系。

自信既是一种积极的心理状态，更是一种优秀的个性品质。2016 年 9 月，习近平总书记指出，基础教育是立德树人的事业，要引导学生自尊自信自立自强。因此，培养学生的自信品质是落实社会主义核心价值观教育，实现"立德树人"根本任务的育人要求，也是我们培养德智体美劳全面发展的社会主义建设者和接班人应该具备的优秀品质。

自信是一种力量，一种精神的动力，一种健康的、幸福的生命状态，其能够推动个体实现自我优质发展。自信教育重视培养学生的"自主发展"能力，引导学生认识和发现自我价值，增强学生自我成长自信。因此，自信也是中国学生发展核心素养的重要组成部分。同时，自信教育还强调发挥师生在教育过程中的双重主体作用，既确立教师和管理者的引导与培养主体，又凸显学生作为教与学活动和自我发展的主体；学生在自主发展中不断树立、发展、增强自信，既全面发展又富有鲜活个性。

经纬团分实施的"自信教育"是指以学生全面发展为核心（图 7-1），通过构建完备的"自主课程"育人体系、优化"自主课堂"教学模式，充分激发学生的主体发展意识，培养其自主学习能力，提升个体发展自信品质，实现学生全面健康发展的教育理念和育人实践活动。主要内涵包括：一是从培养对象来说，自信教育旨在培养具有自尊人格、自立精神、自强信念、自主能力、自信品质、全面发展的社会主义建设者和接班人；二是从育人主体来说，自信教育通过创建"自信"成长教育生态，重塑教师专业发展自信、育人能力自信以及学校办学自信；三是从育人方式来说，主要采取"自主学习"的育人模式，基于"自主课堂"的教与学方式，培养学生自主学习能力，提升自我发展的信心和品质；四是从社会责任来说，学校通过创办高质量的自信教育体系，充分挖掘校区发展特色，重塑家庭和社会对学校教育资源优质化信心、学生优质发展信心，以及学校优质办学信心。

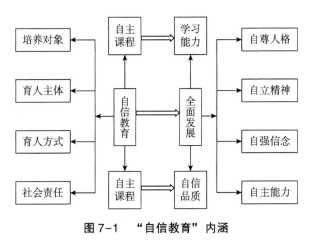

图 7-1 "自信教育"内涵

三、学校办学方略

经纶团分的办学方略是"管理强校、科研兴校、特色发展、自信育人"。为实现学校创办京城名校的发展目标，学校制定了四大发展战略。"管理强校"是指加强干部队伍建设，向管理人员要质量；强化目标管理，确保办学质量达标。"科研兴校"是指狠抓教科研实施，提高科学施教水平；加强教师队伍建设，提高课堂教学质量。"特色发展"是指发掘和创建校区特色，逐步从教育、教学、管理和校园文化等方面，形成校区特色，锻造校区品牌。"自信育人"是指推进"自主教育"理念在全校层面的深度实施，增强学生的成长自信，提高教师的发展自信，提升学校的办学自信。

四、学校培养目标

学校从党和国家事业发展的高度，坚守为党育人、为国育才责任，明确了培养"全面发展、学有特长、自信阳光的新时代中学生"。学校培养的"新时代中学生"具体素养包括：具备坚毅品质、奉献精神、责任意识、自信态度、创新思维和自主学习等六个主要方面。

1. 全面发展

全面指德智体美劳整体发展，其指向全体学生（全人教育）；发展不仅指学生智力、体力、品质的提升，还指符合学生身心发展规律的各要素和谐共进。培养全面发展的人既是国家育人目的，也是陈经纶中学教育集团全人教育的培养目标，我们的育人目标也指向全面发展的人。

2. 学有特长

特长指学生根据自己的兴趣爱好，在全面发展的基础之上，实现个性化成长，具备一种或者多种意志特性和能力。经纶团分学子应具备的主要素养包括自主学习能力、创新思维品质，学校还将培养学生的责任意识和奉献精神，经过三年的培养，学生能够获得个性化发展特质。

3. 自信阳光

阳光指学生富有自信积极的心理品质。经纶团分学子应具备自信心态、坚毅品质及较强的主动发展意愿，能够积极面对学习和生活中的挑战，为个人终身发展奠定基础。

第八章　学校教育的精神追求

第一节　自信教育的基本内涵

一、自信教育的内涵释义

（一）自信教育的概念界定

自信是一种人格。自信是个体对自己的积极肯定和确认程度，是对自身能力、价值等做出正向认知与评价的一种相对稳定的人格特征。[1]"其形成是一个发展变化的动态过程，是个体过去获得很多成功经验的结晶。"自信是一种信念，即自己相信自己。"对自己所知者与所能者具有的信心，对自己所做的事或所做的判断不存怀疑"[2]"对自己有正确的认识和估计，相信自己通过努力能实现既定的奋斗目标。"自信是主体的一种态度或一种心境，它不是情绪化的状态，也不是自发的心理状态，而是理性认识的结果。教育学也将自信归纳为一种对自身肯定的态度。[3]

综上所述，可以对自信作如下定义：自信是个体在对自身能力、价值等做出客观认识与评价的基础上，对自己的积极肯定和确认，并认为通过自己的努力一定可以实现奋斗目标。在相信自己的基础上才能有足够的动力去实现某种目标。[4]

因此，可以将自信教育界定为，培养学生具备自信的态度、信念以及人

---

[1]　韩彪. 中国特色社会主义自信教育研究 [D]. 吉林大学，2016.

[2]　黄希庭. 心理学导论 [M]. 北京：人民教育出版社，1991：573.

[3]　刘冰. 高校贫困生自信教育研究 [D]. 山东师范大学，2010.

[4]　张婷. 高中思想政治课教学中学生文化自信培育研究 [D]. 扬州大学，2018.

格，最终实现学生可以对自我能力与自身价值作出客观评价，肯定自身价值，积极采取措施并坚信自己可以实现目标的教育理念与策略。

（二）自信教育的概念内涵

要明确自信教育的内涵，首先需要明确自信"为何"。黄希庭教授认为："自信是一种相对稳定的人格特征，但其形成是一个发展变化的动态过程，是个体过去获得很多成功经验的结晶。"张春兴认为："自信指个人信任自己，对自己所知者与所能者具有的信心，对自己所做的事或所下的判断不存有怀疑"。①

自信是自己相信自己的一种态度。"自信是主体对客体的一种态度和对已有实践的确认和肯定，它基于实践主体对实践对象的正确认识和评价。②"相信自己通过努力能实现既定的奋斗目标。""自信就是个人对自身力量的确认，亦即自己相信自己。"③

针对自信教育的概念界定的文献较少，我们可以通过自信的定义去解释自信教育。自信教育是指一种教育理念，根据教育规律和受教育者的身心发展特点，通过一定的途径和方法，协调影响自信的各种因素，增强受教育者自信心的过程。④

二、自信教育形成的影响因素

影响自信形成的因素可以分为内部因素和外部因素：内部因素主要为自身评估以及自身内在动机，外部因素主要为与他人的比较以及他人对于学生的评价。

（一）自我评价

学生能否对自己有一个正确的评价对自信的确立至关重要。若学生可以

---

① 黄希庭. 心理学导论［M］. 北京：人民教育出版社，1991：573.

② 张泽强. 道路自信、理论自信、制度自信的基本内涵浅析［J］. 中共贵州省委党校学报，2013（02）：18-20.

③ 陈金龙. 关于道路自信、理论自信、制度自信的思考［J］. 马克思主义研究，2014（02）：50-56+159.

④ 涂畅，贾海刚. 中学生自信教育及其途径［J］. 中学政治教学参考，2015（21）：58-59.

正确评价自己，则在遭遇挫折时就可以正确归因，重整旗鼓。反之，则会造成两种极端的后果：一种是不自信，即对自己没有信心，产生自卑感；另一种则是过度自信，即自负。

（二）成就动机

成就动机与自信显著相关，其是一个人追求成就的内在动力。成就动机强的人，普遍表现为成就意识较强，不甘落后，敢于向困难挑战、向高标准迈进。而成就动机弱的人目的则是避免失败。

（三）成败体验

车丽萍认为，成败经验是影响自信的重要因素，特别是成功经验对个体自信有显著影响，他人成功经验与个体自身成功经验是导致自信水平高低不同的直接原因。其中，他人成功经验对个体自信有显著影响；个体在某领域的成功经验可显著提高其在该领域的自信心。[①]

（四）他人比较与外部评价

学业和社会交往情况会影响学生自信的形成，尤其是在现实情况下进行的不同程度的比较与评价。第一是与同班同学的比较，第二是班级之间的比较，第三是学校之间的比较。无论是学校的优良、教师的等级划分、家长的评价还是学生自发的比较都会对学生的自信产生不良影响。[②]

三、自信教育的功能价值与主要内容

（一）自信教育的功能价值

自信教育有助于促进学生全面发展，主要表现在以下三个方面。

首先，促进学生身心健康、完整人格发展。自信心是健康心理和健康人格的重要组成部分，确立自信心对于学生的人格发展、心理健康的实现具有

---

① 车丽萍. 论大学生自信人格及其培养 [J]. 宁波大学学报（教育科学版），2010，32（06）：92-95.

② 李炳全. 自信教育探析 [J]. 教育探索，1997（05）：21-22.

重要的支撑作用。通过自信教育可以有效地帮助学生增强自信心，促进其心理各要素持续、和谐发展，最终促进其完整人格的实现。

其次，提高学生抗压能力。通过自信教育，可以让学生直面生活和学习中遇到的困难与挫折，帮助其找到正确归因以及克服困难的办法，使其认识到困难和挫折的暂时性与表面性，以提高其抗压和克服挫折的能力。①

最后，为学生进入社会做准备。无论是在学校中，还是在社会中，社会交往对学生而言都是生活的重要组成部分。通过社会交往，可以满足学生的情感需要、社会需要。而人际交往是一个相互的过程，是在你来我往中实现资源的共享与利益的双赢。这就要求人际交往的主体之间是平等的关系。现在我们缺少的不是外在客观的平等，而是内在的平等——在人际交往中的自卑感。通过自信教育可以帮助学生克服社会交往的畏难情绪，提高人际交往的自信心，增强人际交往的意愿和意向。② 学校教育作为社会的组成部分，其内在要素也具备了社会的基本构成，因此学校教育以自信教育作为学校办学理念之一，在一定程度上可以促进学生在进入社会之前便具备一定的自信，在从学校向社会过渡的过程中不因缺失对社会生活的自信而举步不前。

（二）自信教育的主要内容

关于自信教育的内容，文献所论述的内容较少，主要分为两大方面。一方面是关于学生学习方面的指导，另一方面是关于学生的价值观教育。

1. 学习指导

自信教育首先需要关注学生的学习，如何正确看待学习以及如何学习都是需要着重思考的。第一，引导学生正确看待学习，追求知识，追求科学，不要功利化学习，在教学过程中激发学生对于学习的热爱。第二，学法指导。培养学生获取信息的能力。针对不同年级、不同学段的情况以及不同学科的学习任务，提出指导意见。充分利用图书馆、阅览室和校园网等多种途径立体化、网络化使学生学会自主学习。第三，能力培养，培养学生处理和运用信息的能力。

---

① 李渊新. 论初中生的自信教育 [D]. 山东师范大学, 2010.
② 涂畅，贾海刚. 中学生自信教育及其途径 [J]. 中学政治教学参考, 2015 (21)：58-59.

2. 价值观教育

仅从外界辅导树立自信心，只能暂时性地提高学生的自信程度，若要从根本上增强学生的自信，则需要一个长期的、持久的以及价值观教育的过程。第一，引导学生形成正确的理想信念，树立正确的价值观。第二，除引导学生学会选科，还要对其进行需求教育，引导其正确选择。第三，需要在教学中对学生的注意、兴趣、记忆、思维等心理因素进行关注并提出指导意见。① 第四，对学生进行责任教育，让其学会负责。引导他们在学校和家庭中对自己的学习负责，对自己的生活负责，对自己的未来负责。第五，适当进行挫折教育，培养学生的意志力。

第二节　自信教育的自主实践

学校是实施自信教育的重要阵地，教师和学校是实施自信教育的重要主体。

一、学校需要顶层实施自信教育

相较教师而言，学校处于更高维度，因此在自信教育的实施过程中，学校需要顶层设计和实施自信教育，主要从以下两个层面来进行。

1. 学校：整体规划课程，营造自信校园文化氛围

（1）设计与开发丰富多元的学校课程。

学校可以根据学生的兴趣和个性化发展需要，为其提供丰富多元的课程，从而促进其成长，使其在发展自身兴趣和特长的过程中增强自信。同时为学生提供丰富的社团活动，发挥集体活动、合作学习的优势，让学生在此过程中发现自己的优点和长处。在教师的帮助下，在集体的协助下，学生在活动中增强了自主学习、自主管理的能力。

---

① 周跃南. 探索素质教育规律 创建自信教育模式［J］. 上海师范大学学报（教育版），2000，29（03）：51-55.

（2）加强课堂教学改革。

通过构建多元化的课堂空间，促进自信教育的落地，提高学生的自主学习能力，加强师生之间的良性互动，使每个学生都有自己的思维空间、活动空间、迁移空间，每个学生都能在自己擅长的领域得到充分的肯定。

（3）采用多元化的学生评价方式。

首先，要以发展的眼光看待学生，其次，要采用多种方式评价学生，以学生自主评价、教师评价和小组他人评价等多种评价方式相结合，将观测、笔试、口试、动手操作等客观评价方式与学生自评、学生互评、小组评议、社团评议等主观评价相结合，形成互动、立体、多维的评价模式。

2. 培养一支专业能力强、充满自信的教师队伍

教师是实施自信教育的主力军，是学生自信前行的指导者和引路人。学校将自信教育面向教师，多维度塑造自信教师，助力教师的专业成长。

一方面，加强年轻教师的专业能力提升。首先，校内加强培训与帮扶。通过组织骨干教师在全校上引领课和加强教师培训来带动各学科年轻教师的发展。其次，校外展示。开展校际联动，为教师搭建新的上课平台，帮教师寻找展示的机会。

另一方面，加强整体教师团队的能力提升。通过教师之间的合作交流，加强日常研修，提高专业本领。通过学科间的交流、年级组间的交流、校际联动，促使教师找回自信心，不断挖掘自身的潜能，提升自我。

二、教师：坚持自信教育理念，实施自信教育

从教师角度来看，其处于实施自信教育第一线，因此其行为对于学生自信心的获得具有重要的价值。

1. 帮助学生树立正确的自信观

首先，增强学生的自信意识。要适度自信，让学生在全面了解自身的基础之上树立自信，使个体坚信自己有能力、有价值，并坚信自己选择的目标经过努力奋斗和争取一定能够实现，只有具备了这样的积极心态，才算是真正具备了自信意识。学生的自信意识能够使他们重视自我，认识到相信自己的重要性，这是指引他们走向成功的关键，要努力使学生在学习中不断进取，

即使在困难、挫折面前也满怀信心。同时，要进行适当的归因训练，在科学认识成败原因的基础上形成平衡的归因结构及乐观的归因风格，以此逐步培育和树立个体的自信心。① 教师不仅可以在教学过程中进行成功励志教育，还可以通过日常学生之间的励志学习、比赛、竞赛、演讲等形式，让学生成为成功、励志教育的主体，促使他们互相鼓励、相互扶持。

2. 营造自主学习、探究学习的多元课堂

新时代的自信教育需要新时代的教学方式。现代课程早已不再局限于黑板和粉笔的传统教学手段，教师需要借助信息技术的辅助优势，实现教学手段的转变，进一步实现教学方式的转变。第一，实现传统方式与现代方式的融合。与此同时，利用信息技术的资源功能，实现学习方式的转变，实现线上与线下学习方式的融合。第二，利用信息技术的云计算，实现评价方式的转变，实现过程评价与结果评价的融合。第三，在教学方法上，积极倡导探究式、讨论式、活动式、案例式、参与式等教学方法，努力探索多元化、自主学习型课堂教学模式，为学生营造独立思考、自由探索的良好环境，从而激发学生的好奇心、助推学生学会学习。

3. 学会正确看待学生，正确评价学生

教师需要理解和尊重学生的个性需求，善于发现学生的优势，深刻认识和理解学生，对每一个学生都有一个合理的期望。教师的正向反馈与积极肯定是学生消除自卑、树立自信、形成健全人格的关键所在。

三、自信教育的述评分析

整体而言，以自信教育为主题的文献数量不多，主要集中在对自信的含义、自信教育的价值以及自信教育的实施路径三个主题的探讨。

研究者们主要集中于心理学这个角度去诠释自信的含义以及特征，但是对于自信教育的概念探讨却少之又少，自信教育的概念界定等并没有受到应有的重视。大多数学者是基于对自信含义的理解或实践的探索得出对自信教育的概念界定。

---

① 车丽萍. 论大学生自信人格及其培养 [J]. 宁波大学学报（教育科学版），2010, 32（06）：92-95.

自信教育的价值也主要集中于探讨其对学生本身的价值，而忽视了实施自信教育的主体同样受到自信教育的影响，比如教师、学校乃至家长。实施自信教育不仅有益于学生的成长和发展，而且对于学生与学校、学生与教师以及学生与家长之间都会产生一定的影响，同时也会对师生关系和亲子关系产生直接或者间接的影响，但是这些影响并没有受到重视，甚至被忽视。

关于自信教育主题的文献数量较少，以周跃男的研究为主。但仍以较宏观的内容为主，缺少细节上的论述。尤其在重视学生发展指导的今天，自信教育的内容对于学生发展十分重要。学生发展指导的目的在于让学生学会选科、学会学习、学会生活，而自信教育的内容如何与学生学习、生活及其未来选择相联系都是我们需要继续研究和探讨的问题。对于自信教育的实施学校分别从课程建设、教学改革以及家校合作等方面进行了比较详细的论述，但是大多数都是从实践经验中得出的结论，缺乏理论指导，如何总结出一条具有可行性、普适性、强针对性的实施路径仍需继续研究。

总而言之，有关自信教育的概念、内容的研究亟须加强，尤其是在自信教育的内容上，需要与学生的学习和生活的联系更为深入，需要与新时代社会对学生的要求、学生的发展特征相联系。自信教育的实施路径需要继续深化，如何从实践经验上升到理论是下一步需要着重研究的内容。

第五部分

课程建构篇

第九章 学校课程建设的宏观分析

经纶团分立足新时代教育发展需求，聚焦高质量育人体系建设，不断深入思考并积极探索普通完全中学育人主体的价值、路径与发展机制。通过科学调研学校高质量发展基础，确定把学校自主课程体系建设与优化作为教育改革的突破口，在育人实践中探索符合时代发展要求的基础人才培养体系，努力办好人民满意的基础教育。

第一节 学校课程建设的背景分析

一、学校课程建设背景

1. 政策背景

2019 年 6 月，国务院办公厅发布了《关于新时代推进普通高中育人方式改革的指导意见》，提出要"统筹推进普通高中新课程改革和高考综合改革，全面提高普通高中教育质量"。2019 年 7 月，中共中央、国务院发布了《关于深化教育教学改革全面提高义务教育质量的意见》，提出要"加快推进教育现代化，建设教育强国，办好人民满意的教育"。深化教育教学改革，满足区域内群众对优质教育日益增长的需求，需要学校进一步提高办学质量。

2. 区域背景

学校临近北京市朝阳区 CBD 核心区，区域发展的国际化和现代化定位，区域内群众对高质量教育环境的诉求，使学校办学转向更高的发展定位。同时，自加入陈经纶中学教育集团以后，在办学质量方面，也面临着育人质量向京城名校看齐的发展需求。

3. 学校背景

"十四五"时期，朝阳区提出实现义务教育优质均衡发展、高中教育多样化特色发展。作为一所完全中学，初中部面临着提升学生综合素养，实现学生在校期间优质均衡发展的挑战；高中部则面临提升学校办学水平，实现高中特色发展的问题。

因此，在时代要求、地理因素、学校发展转型等因素的综合作用下，需要建立与之相适应的课程体系，进而满足学校发展的需要。

二、学校发展现状

1. 师资概况

经纶团分现有 38 个教学班，教职工 160 余人；从职称结构来看，正高级教师 1 人，高级教师 63 人。其中，高中部高级职称占比约为 31.7%；初中部高级职称占比约为 31.5%。初高中高级教师学科间分布均衡，能够为学校各个学科的课程开发与实施提供专业支撑；从骨干结构来看，初中部现有区级以上学科骨干 30 人，占比约为 27.8%；高中部现有区级以上学科骨干 11 人，占比约为 17.5%。学校十大学科均有区级以上学科骨干教师，能够带领组内教师开发和实施课程建设。

学校整齐、均衡的学科教师能够保障学校实施基础类课程的开发和建设；优质、全面的骨干教师能够支撑学校"学科+课程"的开发和建设；初高中教师资源的优势互补，使学校"自主型"课程的开发和建设高效推进。

2. 学校生源情况

学校学生家长受教育水平整体不高，受过完整高等教育的家长占比不到20%。这直接影响到学生的家庭教育，主要体现在习惯养成、学习主动性、意志品质等方面。

从学段来看，高中录取学生位次大约在全区 5300 位，录取学生层次丰富。调查发现，在校生中约 8% 具有清晰的学习目标，学习积极性较高；约10% 虽具有学习目标，但学习的主动性不足，学习自信心不足，依赖性较强；约 82% 学习目标不明确，学习主动性较差，个人发展动力不足，学科间自信心不均衡，对于个人学习能力缺乏信心。

初中生为朝阳区统一派位录取。京籍学生占比 70% 以上，其中大约 30% 的学生学习习惯和知识基础较好，有较强的学习动力、能力和目标，70% 的学生综合素养相对较弱。在日常学习和生活中，约 60% 的学生由于综合能力不足而导致缺乏自信心，表现出缺少对成功的期待，以及个人长远发展目标和规划（图 9-1）。

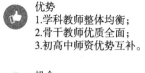
优势
1.学科教师整体均衡；
2.骨干教师优质全面；
3.初高中师资优势互补。

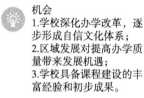
机会
1.学校深化办学改革，逐步形成自信文化体系；
2.区域发展对提高办学质量带来发展机遇；
3.学校具备课程建设的丰富经验和初步成果。

劣势
1.学生整体学习动力不足；
2.学生整体素养不高；
3.学生个人成长缺乏信心。

风险
1.学生发展需求多样化，课程育人资源不足；
2."双减"对育人方式提出更高要求；
3.课程一体化、结构化建设还未完成。

图 9-1 学校发展 SWOT 分析

由于学生入学层次的多样化、学生发展的差异化需求，要求学校在满足学生个性化发展过程中，通过开设多样化的学校课程促进学生全面健康发展。

三、学校课程建设历程

学校在发展整合过程中，始终坚持按照上级要求开展教育教学工作，学校的课程改革主要经历了以下几个阶段。

1. 严格实施国家课程阶段（2006 年以前）

在学校第一次整合之前，原三所学校的课程发展主要体现在贯彻落实国家对于基础课程建设和管理的要求，以执行国家课程建设相关要求为主。

2000 年 7 月之前，学校课程建设主要聚焦于学生的职业发展，开设了商业管理、财会、金融、汽修、新闻等多个专业，为社会培养了大批优秀的应用型人才。自 2000 年 9 月开始，学校由职业高中转型为普通高中招生，推进了高中课程建设和教学方式转变的实践。

2001年6月，学校开始推进课程改革实践，通过加强德育与智育之间的相互促进作用，发挥德育对学生健康成长的价值功用，同时推行了"德智一体化"培养模式，包括教学渗透德育、整体推进三级课程建设和德育管理等，努力推进素质教育。

2. 课程全面多样化发展阶段（2007—2011年）

自2007年起，学校明确了新形势下办学总目标，开展了拓展课、选修课、活动课等课程建设，通过课堂教学改革推动课程建设落地，尝试进行"主体参与型""小组合作型""五三一"等多种课堂教学模式的实践。在课程建设过程中，学校初步关注到学生自信心培养的问题，尚未把自信教育作为学校的办学理念和主要育人方向。

3. 分段建设学校课程阶段（2012—2018年）

自2012年起，学校初高中部分别进行课程建设。立足于学生的全面发展和个性发展，学校以提高学生的发展自信心为着力点，逐步建设"国家课程校本化，拓展课程主题化，综合课程特长化"的自信教育课程体系。高中部将课程按照艺术与健康、人文与社会、科学与技术三大领域，分为基础类、拓展类、兴趣特长类三大类。初中部将三级课程重构为"国家课程""实践课程"和"校本课程"。

4. 自主课程体系一体化建设阶段（2019年至今）

2019年加入陈经纶中学教育集团以后，根据党和国家的育人任务，通过梳理学校办学传统，学校对培养目标、办学定位、育人理念进行了优化整合，在此基础上开始建设优化"自主课程"体系。学校对初高中两个学段的课程进行了结构化、一体化建设，将课程按照育人功能进行划分，形成了团结湖分校"基础、拓展、自主"课程体系，校本课程与课后服务课程一体化建设、学生个性发展与全面发展一体化建设，德育课程一体化建设与实施等。在实施层面，初步探索结构化建设、散点化实施、融合化推进等校本化推进方式。

2019年6月，《关于新时代推进普通高中育人方式改革的指导意见》发布，提出要"统筹推进普通高中新课程改革和高考综合改革，全面提高普通高中教育质量"。2019年7月，《关于深化教育教学改革全面提高义务教育质量的意见》发布，提出要"加快推进教育现代化，建设教育强国，办好人民满意的教育"。2021年7月，国家发布"双减"政策，要求"学校教育教学质量和服务水平进一步提升，作业布置更加科学合理，学校课后服务基本满足学生需要"。在这样的时代背景下，我校推进自主课程体系建设，在实践中探索符合时代发展要求的基础人才培养体系，努力办好人民满意的基础教育。

第二节 自主课程建设的基本原则

一、课程建设指导思想

依据国家课程改革要求，结合学校办学目标和育人目标，按照六大领域和基础型、拓展型、自主型三大类型整体构建"三层六领域"进阶式一体化自主课程体系，打造自主课堂特色，培养全面发展、学有所长、自信阳光的新时代中学生。

二、课程建设原则

在课程建设指导思想和课程建设目标的指导下，学校逐步确定了四大课程建设原则：发展性原则、整体性原则、系统性原则、实践性原则。

1. 发展性原则

首先，学校课程建设坚持以学生的发展为本，遵循其身心发展规律，主要包含方向性原则、差异性原则、年龄特征原则、关键期原则等。方向性原则就是指学生个体发展沿着由简单到复杂、由低级向高级的方向进行；差异性原则即指学生发展具有一定的差异，个体在身心发展的不同方面状况不同；年龄特征原则是指发展具有年龄特征，同年龄段的个体在身心发展中具有共同特征；关键期原则是指对于学生某些行为或心理机能的形成与发展至关重要的时期。其次，学校课程建设伴随学校发展和社会发展与时俱进，通过教师专业化水平的提升促进学校课程的丰富和优化，实现学校课程建设可持续发展。

2. 整体性原则

树立培养学生整体发展的观念，只有用整体性构思才能实现整体性的教育效果。学生的发展和认知是一个整体过程，我校将初中课程与高中课程、国家课程与校本课程进行一体化设计和实施，发挥课程的整体作用。从七到十二年级，各类课程在不同学段学习的深度和广度逐渐增加，学生的核心能力和素养由低年级到高年级逐渐提高，学生的综合能力渐进式提升。

3. 系统性原则

运用系统和发展变化的观点进行课程建设。首先，强化教师的课程资源意识和课程资源开发能力。教师不仅能够直接参与课程实施，而且能够超越和弥补现有课程资源的限制与不足，整合、创生各类课程资源，使其富有教育价值。其次，发挥学生参与课程建设的主体作用，放手让学生设计、开发、组织、实施，给学生自主时间与创造空间，凡是对学生的课程学习和身心发展有益的均可以作为课程资源来挖掘及利用。最后，充分利用校内外教育资源开发或引进课程，形成内容丰富、特色鲜明的课程群。

4. 实践性原则

学校课程强调学生亲身经历和真实体验，在"动手做""实验""探究""设计""创作""反思"的过程中进行"体验""体悟""体认"，以在实践中习得、体验、反思和分析等形式体验感受，发现、分析和解决问题，知行合一，发展实践创新能力。

三、课程建设目标和思路

学校将建设能够凸显自信教育理念，彰显学校发展特色，铸造学校办学品牌的自主课程育人体系。按照"激发自主潜能、发挥优势特长、形成自信心态、提高核心素养"的思路，通过3—5年的建设，形成"一体系、两队伍、三促进、多特色"的课程建设目标。即建成一套符合北京市高中新课改要求和学校特色发展方向的课程体系；建设适应课程体系的专职、兼职两支教师队伍；促进学生自主学习能力的提高、促进教师专业化发展、促进学生全面而又有个性地发展；建设各类精品课程等若干特色课程群。"自主课程"是学校落实"立德树人"根本任务，实施"自信教育"育人体系的重要载体，是实现学校高质量发展的重要路径。建设具有"学科融合""自主发展""全面育人"特色的"自主课程"体系，涵养"自主学习、自信成长"课程育人文化，助力学生全面发展和个性成长。

第十章　学校课程建设的主体要素

第一节　自主课程建设的结构及设置

一、课程结构

依据国家课程要求和我校的办学理念及培养目标，围绕培养"全面发展的人"，学校对已有课程进行对焦、梳理、总结，通过六大课程领域（即人文与社会、数学与思维、科学与技术、体育与健康、艺术与审美、实践与创新）和基础型、拓展型、自主型三大课程类型的立体架构，进行课程分类、能力分级和发展进阶。基础型课程面向全体学生，注重整体育人和全面育人；拓展型课程面向不同学生群体，注重课程育人的多元化和实效性；自主型课程面向学生个体，注重课程育人的深度和广度，形成"三层六领域"进阶式一体化自主课程体系。课程结构模型如图 10-1 所示。

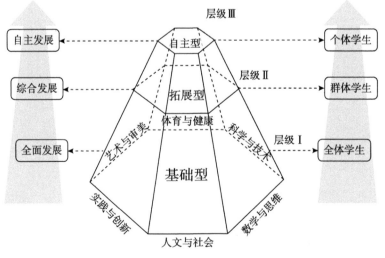

图 10-1　学校自主课程模型

学校自主课程体系建设基于国家课程结构思想，结合学校育人目标，搭建"三层六领域"课程结构，全面与特长相结合，课内与课外相结合，整体构建六年两段进阶式一体化课程框架；依据学情对国家课程进行拓展、延伸和整合，实现国家课程的校本化实施；大力开展校本课程建设，关注师生的独特性和差异性，为学生提供适合其发展需求的多样化课程；将具有学校特色的学科活动、社团活动、德育主题教育等，从目标、内容、组织实施及评价等方面进行系统的课程设计，形成以核心价值为取向的德育课程。各课程领域之间相互联系、互相补充、相互促进，在不同阶段不同情境中整体发挥作用，为学生全面发展提供课程资源。

人文与社会课程领域旨在提高学生的人文素养。其包括语文、英语、政治、历史、地理等国家课程和相关的校本课程，从七到十二年级逐步形成人文与社会学科的核心学习习惯和学科学习方法，分级培养学生的核心学科能力，让学生认识人文学科的价值与研究方法，理解人类生存的意义和价值，追求人生美好的境界，形成健康美好的情感和奋发向上的人生态度，树立与时代、国家发展要求同向的三观。

数学与思维课程领域旨在培养学生数学核心素养和数学思维方法。随着现代技术的飞速发展，数学被更加广泛地应用于社会生产和日常生活的各方面，要培养学生用数学的眼光观察世界、用数学的思维分析世界、用数学的语言描述世界，全面提升其数学学科素养。

科学与技术课程领域旨在培养学生的科学精神、提高学生科学素养。其包括物理、化学、生物、信息技术、通用技术等国家课程和与之相关的校本课程，从七到十二年级全面形成自然科学学科的核心学习习惯和学科学习方法，分级培养学生的核心学科能力，让其认识自然科学学科的价值与研究方法，培养科学精神，提升科学素养。

体育与健康课程领域旨在培养学生的体育兴趣和运动技能，注重生涯规划和心理健康教育。其包括体育、心理、生涯教育等国家课程和与之相关的校本课程，主要有体育、生涯规划、心理品质教育及相关应用等，逐级形成体育等学科的核心学习习惯和学科学习方法，分级培养学生的核心学科能力，彰显个性，健全人格，发展特长，提高其身心素质。

艺术与审美课程领域旨在提高学生的艺术教养与审美素质，引导学生追求更有意义、更有价值、更有情趣的人生，拥有高远的精神追求，追求高尚的精神生活。其包括艺术赏析和创作等拓展型课程，逐级形成艺术类学科的学生特长培养和特长专修。

实践与创新课程领域旨在培养学生适应挑战、敢于突破传统思维、运用各种技能或方法进行实践创新的能力。其主要包括"三立"德育课程、学法指导课程和实践创新指导课程三部分。"三立"即立心——理想信念教育，立德——中国传统文化教育、社会主义核心价值观教育，立行——行为习惯教育、社会责任教育。"三立"德育课程还包括德育实践、研学项目、劳动教育、社区服务及星耀校园系列等；学法指导课程主要包括学习习惯与学科学习方法、跨学段学习方法、自主学习策略、学科研究方法等，围绕学科核心能力在七到十二年级进行层次分解，逐级提升，不断提高学生自主学习能力和自主发展的信心；实践创新指导课程主要包括综合社会实践、STEAM 课程、科技创新课程、人文创新课程、PDL 课程、人生远足系列及学科研究性课程等。一方面，教师根据各课程教学内容设计相关的教学实践活动，从七到十二年级进行全学科渗透，逐级培养学生实践创新意识，做好实践创新的方法指导；另一方面，让学生积极投身于社会实践，相信每一个学生的发展潜力，因材施教，引导学生自主探讨、多角度思考、善于发问，从七到十二年级为不同学习水平的学生设置不同的实践创新内容并逐级提升培养，激发学生的创新意识，培养其创新能力（图 10-2）。

图 10-2　学校自主课程结构

基础型课程面向全体学生，旨在夯实学生发展基础，在整个课程体系中起到奠基作用。其主要包括国家必修课程，是学生综合素养进阶发展共同的扎根之基。

拓展型课程面向学生群体，它是对基础型课程的拓展与延伸。其以校本课程为主，包含学科拓展课程、学段衔接课程等。拓展型课程是在完成基础型课程的基础上，拓展必修课程或整合学科知识，领悟学科特点，掌握学科方法，完善学生的认知结构，提高学生自我规划、自主选择和自我监控能力，着眼于开发学生潜能，是体现不同基础要求、具有一定开放性的课程。

自主型课程是根据学生优势特长或职业生涯规划的需要开设的发展性课程，为学生提供多样化的选择。其包括学科发展课程、研究性课程、跨学科融合课程等，旨在通过对学生优势特长的进一步激发，丰富学生对今后所学专业或从事职业方向的认识与体验，增强学生主动发展的信心，为形成专业兴趣奠定基础。

二、课程设置

在基础型课程开齐课程开足课时，发挥国家课程的主导作用和学校主阵地作用的前提下，开发开设丰富多样的校本课程，即拓展型课程和自主型课程，各年级每周 2 课时，分年级每学期开设四门拓展型课程和两门自主型课程，每门课程约 4 周，课内与课外结合，分散与集中结合，校内与校外结合，注重在各学科基础型课上的拓展、延伸和提升，发展学生的核心素养。具体设置如表 10-1、表 10-2 所示。

表 10-1　自主课程设置

基础型课程		拓展型课程		自主型课程
		七至九年级	十至十二年级	
人文与社会	语文	1. 经典人物—唐风宋韵 2. 经典人物—红色精神 3. 经典人物—名家名著	1. 众里寻他千百度 ——经典作品的感知与欣赏 2. 源头活水清如许 ——经典作品的理解与探究 3. 横看成岭侧成峰 ——经典作品的评价与思辨	经典课本剧演绎 百家小讲堂

续表

基础型课程		拓展型课程		自主型课程
		七至九年级	十至十二年级	
人文与社会	英语	1. 玩转英文电影 2. 玩转英文歌曲 3. 玩转英文名著	1. 英语才艺秀 2. 英语美文阅读鉴赏（英语时报——今天我是主角） 3. 英语阅读与写作（我是大作家）	美食看世界
	政治	1. 民族团结之花 2. 科技之光绽放 3. 世界文化之旅	1. 行走的思政课——生态文明建设行和学习榜样行 2. 行走的思政课——传承红色基因行和民族文化博览行 3. 行走的思政课——热爱北京建设北京行	思辨课程 时政文献阅读
	历史	1. 北京你了解多少 2. 中国共产党党史 3. 大国崛起系列	1. 实物史料中"观"历史 2. 文献史料中"读"历史 3. 综合材料中"悟"历史	史料实证
	地理	1. 地理教具的制作 2. 从地缘看世界大国	1. 走近博物馆 2. 观测大自然 3. 区域综合思维训练	天文观测
数学与思维	数学	1. 数学与数学文化 2. 数学与信息技术 3. 数学与数学阅读	1. 数学运算与思维 2. 数学应用与建模 3. 信息技术与数学思维	数学解题能力提升与培优 数学高阶思维与综合应用
科学与技术	物理	1. 科学实验说"探究" 2. 科学实验说"节气" 3. 科学实验说"健康"	1. 从物理课本中走出的实验 2. 从物理实验走向生活实践 3. 从科学实验走向物理思维	以物理学为支撑的 DIY 与生活
	化学	豆腐的前世今生	1. 奇妙的化学实验室 2. 多彩的化学微观世界 3. 真实的化学工业	文字图表信息获取与应用

续表

基础型课程		拓展型课程		自主型课程
		七至九年级	十至十二年级	
科学与技术	生物	1. 自然观察员 2. 人体中的生物学 3. 生物模型构建	1. 模型与建模—科学性、关联性 2. 模型与建模—逻辑性、应用性 3. 模型与建模—综合性、创新性	生物学研究进展与应用
	信息与技术	1. 信息技术学习工作 2. 特色课程	1. 视频视界 2. 动画视界 3. 手工坊	动画天地
体育与健康	体育	1. 运动能力 2. 健康行为 3. 体育品格		体育专项比赛训练课程 体育专业提高课程
	心理健康	1. 舒缓压力 2. 人际交往 3. 情绪管理		心灵之约
	生涯教育	学业指导课程	1. 自我认知与探索 2. 专业与选科 3. 理想与发展	志愿填报与专业发展
艺术与审美	音乐	1. 我会欣赏 2. 我会演绎	1. 乐理知识学习 2. 优秀音乐作品赏析 3. 艺术实践	音乐专业提高课程
	美术	我会创作	1. 专业素描 2. 专业色彩	美术专业提高课程
实践与创新	"三立"德育课程	德育实践 研学项目 劳动教育 社区服务		星耀校园系列

续表

基础型课程		拓展型课程		自主型课程
		七至九年级	十至十二年级	
实践与创新	学法指导课程	学习习惯与学科学习方法 跨学段学习方法 自主学习策略		学科研究方法 学科培优课程
	实践创新指导课程	综合社会实践 STEAM 课程 科技创新课程 PDL 课程		人生远足系列 学科研究性课程

表 10-2　自主课程学时安排

类别及科目			年级						一体化课程群
			七	八	九	十	十一	十二	
课内	人文与社会	语文	5	5	6	4	4	5	1. 学科"+"课程群 2. 拔尖创新人才培养课程群 3. 学科学习方法课程群 4. 自信教育渗透课程群 5. 劳动教育课程群 6. 跨学科主题实践课程群 7. ……
		英语	4	4	4	4	4	5	
		道德与法治	2	3	3	2	2	3	
		历史	2	2	2	2	2	3	
		地理	2	2	2	2	2	3	
		中华传统文化	1	—	—	2	2	2	
	数学与思维	数学	5	5	5	4	4	5	
	科学与技术	科学	1	—	—	1	1	4	
		物理		2	3	2	2	3	
		生物	2	2	—	2	2	3	
		化学	—	—	3	2	2	3	
		劳动技术	1	1		1	1	—	
		信息技术	1	1	—	1	1	—	
	体育与健康	体育与健康	3	3	3	2	2	2	

续表

类别及科目		年级						一体化课程群
		七	八	九	十	十一	十二	
课内	艺术与审美	音乐	1	1	1	1	1	1	
		美术	1	1	1	1	1	1	
	实践与创新	班团队会	1	1	1	1	1	1	1课时/周
		跨学科主题学习	三月春天礼赞、四月法治文明、五月文化节（音乐会、艺术作品展、舞蹈、影视、戏剧表演等）、六月思维科技、九月艺体健康（全能、专项及趣味等运动会）、十月人生远足（研学）、十一月数理科学（科技嘉年华、思维竞赛等）、十二月综合活动节（新年音乐会、迎新联欢会、迎新艺术展等）						
			探寻足迹、走进科学、拥抱健康、遇见艺术						
			名师大讲堂						
课后服务	拓展型课程		7—9年级			10—12年级			
		人文与社会	经典人物、玩转英文、民族团结、科技之光、世界文化、北京了解多少、中国共产党、地理教具制作、地理看世界			经典作品、英语才艺、英语时报、英语阅读、行走的思政课、历史系列课程、走进博物馆、观测大自然、区域综合			必修/选修1课时/周
		数学与思维	数学与技术、数学与文化、数学与阅读、思维编程			数学运算与思维、数学应用与健康、信息技术与思维			

续表

类别及科目			年级						一体化课程群
			七	八	九	十	十一	十二	
课后服务	拓展型课程		7—9 年级			10—12 年级			
		科学与技术	科学实验系列课程、豆腐的前世今生、自然观察员、人体中的生物学、生物模型构建、编程			物理实验系列课程、奇妙的化学系列、模型与建模、视频世界			
		体育与健康	运动能力、健康行为、体育品格、人际交往、情绪管理、自我认知、理想与发展						
		艺术与审美	艺术欣赏、艺术创作			乐理知识、艺术欣赏、艺术实践、专业美术			
		实践与创新	劳动教育、研究性学习、实践学习、竞赛课程						
	自主型课程	人文与社会	戏剧、思辨、天文			百家讲堂、戏剧、英语世界、时政文献、史料实证、天文观测			必修/选修 1 课时/周
		数学与思维	思维与逻辑、图形计算器			数学高阶思维与综合应用			
		科学与技术	自然世界、科学竞赛、科学研究、动画设计、思维编程						
		体育与健康	竞技体育：篮球、网球、田径、跳绳、博弈棋社、武术等、心灵之约						
		艺术与审美	艺术专长：舞蹈、合唱、美术等						
		实践与创新	研学实践、竞赛课程						
假期		跨学科主题学习	寒暑假综合实践课程						

三、特色课程

1. 一体化课程

学生的发展和认知是一个整体过程，一体化课程旨在进行初高中一体化课程建设、国家课程与校本课程一体化设计与实施，发挥课程的整体作用，实现育人目标。一方面，学校围绕学生自主学习能力培养，基于核心素养培育推进教学改革，引导学科教师依据初、高中学科课程标准，统筹课程资源进行课程体系开发与实践。另一方面，高中新课程改革打破了传统文理分科的界限，引导初中学段站在学生发展的高度一体化实施课程，为学生高中阶段的学习和终身发展奠定坚实基础。

学法指导课程主要包括学习习惯、学习方法、自主学习策略等内容，旨在指导学生建立学习方法体系，形成科学的学习策略。学校针对学生学习质量的影响要素精准发力，设计并开设通用学法指导课程和学科学法指导课程。通用学法指导课程适用于全部学生和所有学科的学习，内容以一般的学习习惯、思维方法和反思策略为主，从七到十二年级进行层次分解，逐级提升。学科学法指导课程则是密切结合学科特点，基于学科知识、学科思想、学科思维等学科属性开展，了解学科本质规律和学科研究方法，强调与学科学习的渗透、融合。

以物理学科为例，从七年级开始的科学探究方法的渗透，到八年级的物理学科研究方法的学习，再到九年级的运用物理方法设计实验，研究物理问题，逐层递进，直击物理研究核心，最后到高中阶段的物理思想、创新意识和高阶思维。

📖 **案例　五育融合课程——劳动教育贯通（表10-3）**

表10-3　初高中劳动教育一体化建设示例

年级 项目	走进自然			融入社会	
	种植体验	节气美食	环境美化	志愿服务	情商与生涯规划
七年级	种豌豆 观察与记录	包饺子 蒸包子	保持教室卫生	垃圾分类记心间	自我内驱力篇 认识我自己

续表

年级 项目	走进自然			融入社会	
	种植体验	节气美食	环境美化	志愿服务	情商与生涯规划
八年级	发豆芽 探究种子萌发 条件	烙春饼 做春卷	美化楼道转角	减塑低碳促环保	学习策略篇 了解其他人
九年级	种草莓体验无 性生殖方式	制作北京小吃 学炒一种菜	绿化校园建设 我提议	科普知识我宣讲	学习优化篇 提升共情力
十年级	种小麦 形成研究报告	制作发酵食品	绿化校园建设 我参与	爱老敬老有孝心	沟通技巧篇 掌控自我情绪
十一年级	种拟南芥 形成课题	完成一桌饭	共创美好校园	社会公益我参与	情商赋能篇 我的人生我做主

自信教育的课程要全学段渗透，相关连接课程的建设不容忽视。以劳动教育贯通课程为例，不同年级均设有不同的劳动教育目标和相对应的内容安排，从劳动习惯、劳动意识、劳动技能、劳动责任等方面进行递进式培养，在课程实施的过程中，也能培养实践创新的意识和能力。

2. "学科+"跨学科融合课程

在实施跨学科教育的背景下，主题教学作为课程整合下的一种跨学科教学模式，逐渐运用于课堂教学实践。"学科+"中的"学科"指优化整合的国家基础性课程，"+"则作为国家课程的补充，补充的学科内容限定在1—2门，旨在对各级课程进行拓展与延伸。这种"小步距的跨学科"能够集中主体学科知识，利用跨学科解决基础型课程的主要知识问题，每课时仍为45分钟，涉及学科的知识都要对应课标要求，便于教师开发与实施，同时也能解决学业水平提升的问题。跨学科主题课程在保证学生基本能力发展的基础上，扩展学生的个性和特点，将学校特色发展与学生自主发展完美结合，依据课程标准进行课程目标分解，采用相同主题，不同年级，分层教学，提升学生自主学习、自主探究、团队合作的能力。具体设置如表10-4所示。

表 10-4 "学科+" 跨学科融合课程设置与安排

学科	"+"	课程内容
语文	历史	唐风宋韵
语文	信息、美术	动画让诗句插上翅膀
语文	数学	古诗词中的数学
语文	物理	成语中的物理
历史	地理	北京,你了解多少
地理	历史	以"理"说史探寻原始农耕
地理	物理	探秘地球
地理	历史	大国崛起
道法	历史、地理	民族区域自治制度
道法	生物	跟传染病说"88"
道法	科学	爱国情感——科技领域
英语	语文	英文电影赏析
英语	音乐	英文经典歌曲欣赏
数学	物理	TI 图形计算器
数学	科学	益智类游戏开发
物理	生物、化学	科学探究之旅
物理	地理、劳技	桥梁设计制作
物理	生物	生活中的科学
物理	生物、语文	科学说节气
物理	生物、信息	创新科技
化学	生物	豆腐的前世今生
生物	化学	劳动教育课程
生物	化学	发酵的秘密
生物	数学	动、植物们的数学天空
生物	地理	解密"花种"
劳技	生物	智能环保概念秀
劳技	物理、生物	模型制作
体育	科学	赛场上的科学
体育	生物	运动健康

续表

学科	"+"	课程内容
体育	音乐	体育韵律课程
体育	美术	图解运动
音乐	语文	朗读者
美术	语文、历史	我是名著插画师

案例　"物理+"课程——人体中的科学，如表 10-5 所示

表 10-5　"物理+"课程——人体中的科学课程开发案例

单元主题	课程内容	年级	形式	课时安排
声现象	耳机与音响	七年级	活动课程	2 课时
		八年级	融合课程	2 课时
光现象	眼睛和眼镜	七年级	活动课程	2 课时
		八年级	融合课程	2 课时
热现象	一年四季	七年级	活动课程	2 课时
		八年级	融合课程	2 课时
力学	健身房中的科学	七年级	活动课程	2 课时
		八年级	融合课程	2 课时
电磁学	生活中的电与磁	七年级	活动课程	2 课时
		八年级	融合课程	2 课时

"物理+"课程以物理学科知识结构为起点，按照人教版教材调整了主题开发的顺序，依次为声现象、光现象、热现象、力学、电磁学。根据课程标准对每个主题进行跨学科设计，例如，光现象中开发课程"眼睛和眼镜"，从生物学科知识人眼结构入手，通过解剖牛眼睛让学生更直观地认识到晶状体——凸透镜原型，然后结合物理凸透镜成像实验模拟人眼的工作过程。带领学生从"物理+生物"的学科知识进行整体构建，引导其全面综合地学习光现象部分的知识。

第二节　自主课程建设的实施策略

一、基础类课程整合与实施

1. 构建"自主课堂"教与学模式，提高学生学习能力

经纶团分的自主学习研究，始于学生的全面发展需求，以初高中新课程方案和新课程标准为引领，经过"自主课程"体系的顶层设计，在"自主课堂"的教与学过程中落实。"自主课堂"体系包括"两图两表一概念"五个基本组成部分。一概念即"自主课堂"，指在人的全面发展思想和自主学习理论的指导下，以学为中心，以"导、学、研、评"为主要环节，在促进学生对知识深度理解的基础上，提升其学习力，发展其核心素养主动建构的课堂。

"两图"分别是"自主课堂"示意图和结构图。结构图如图 10-3 所示，自主课堂包括导学、自学、研学、评学四个主要环节，其中，"导学"既是学习的起始环节，也是各个环节的基础。各环节之间具有内在联系，双向互动，呈现动态变化；每个环节与其他环节相互关联，四个环节是一个有机体。自主课堂示意图（见图 10-4）表现为三条既相互独立又有密切关系的主线：中间的主线就是自主课堂的主要环节，在"导学、自学、研学、评学"四个环节的基础上，又增加了课前的"预学"和课后的"固学"，由此，形成一个打通课上和课下，连接每一节课的螺旋式上升的自主学习过程。主线上面的结构呈现的是教师的教，其下面的结构显示的是学生的学习目标，三线结合形成"自主课堂"的整体。两表是指"自主课堂"设计指南和评价量表，在这里不对它们作细致解读。当然，我们的"自主课堂"体系还有诸多待完善之处，需要在长期的教育教学实践中，不断优化创新，力争发挥出更多的育人优势。

图 10-3　自主课堂教学结构

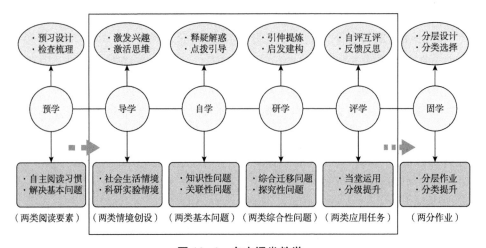

图 10-4　自主课堂教学

　　教师可以通过模式中的各个环节进行课堂教学改革，设置情境引入、引发认知冲突、形成完整思维引导学生进行知识构建，教师在课前设计学习目标导引，针对教学设计中的教学目标、重点和难点进行精准定位，同时也对课堂检测进行规划设计。实施过程中通过多种方式引导学生自主学习，最后进行针对性反馈。

　　该流程图（图 10-5）的主体部分包括三个闭合的环路。第一个环路是由确定学习目标、激发学习动机、自学教材内容、自学检查、练习巩固、学生小结等环节构成，表明学生明确学习目标后通过自学能够达到目标要求。第二个环路在第一个环路的基础上增加了集体讨论，表明学生通过自学尚未达到目标要求，但是通过讨论解决了自学中未解决的问题。第三个环路在第二个环路的基础上增加了教师讲解，表明学生通过自学和集体讨论后，仍有一部分学习问题没有解决，需要教师的讲解。

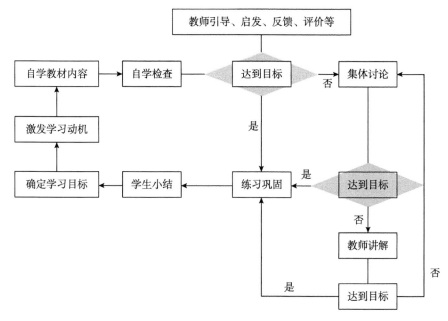

图10-5 自主学习教师引导

2. 大概念统领下的单元整体教学

基础型课程中的国家课程能满足基础教育的基本任务，体现课程的基础性，保证学生能够通过国家考试，顺利进入高等学校学习，其设置与国家课程要求基本一致。

在国家推进育人方式改革的背景下，学校积极探索基于情境、问题导向的互动式、启发式、探究式、体验式等课堂教学，开展大单元教学、学科实验课程、学科分级教学等，实现"教—学—评"一致性。在素养导向下，"单元"的内涵已经悄然发生了变化，它不再局限于教材中的内容单元，而是指素养单元，即围绕核心素养形成的一个集合，该集合由大概念做黏合剂。大概念可以和单元教学相配套，将目标具体化，构建"课程—单元—单科"的下沉通道，从而真正将素养目标落实到每一堂课中。①

① 本刊编辑部，李桂荣. 新课标来了，一线教师该如何面对 [J]. 河南教育（基教版），2022（10）：6-15.

课堂教学的过程从"依靠教"的逻辑转变为"依靠学"的逻辑，以学生的学习基础为出发点，以教师导学和资源支持为路径，引导学生进行自主知识建构，借助评价反馈带领学生走向学习目标的终点，不断完善推进自主课堂模式的建立，提高课堂教学效率。

以历史学科为例，八年级下学期六个单元的教学内容，教材规划需要 19 课时的新课教学，在对教师的单元备课进行整合后，15 课时即可完成，另外 4 课时教师可根据学情进行自主课程专题设计，引导学生对所学知识进行全面构建（表 10-6）。

表 10-6 大概念统领下整合单元设计示例

八年级历史下册		
单元	教材课时	实际课时
第一单元	中华人民共和国成立	中华人民共和国成立
	抗美援朝	抗美援朝
	土地改革	土地改革
第二单元	新中国工业化的起步和人民代表大会制度的确立	新中国工业化的起步和人民代表大会制度的确立
	三大改造	三大改造
	艰辛探索与建设成就	艰辛探索与建设成就
第三单元	伟大的历史转折	伟大的历史转折
	经济体制改革	改革开放
	对外开放	
	建设中国特色社会主义	中国特色社会主义
	为实现中国梦而努力奋斗	
第四单元	民族大团结	民族大团结
	香港和澳门回归祖国	祖国统一
	海峡两岸的交往	
第五单元	钢铁长城	钢铁长城
	独立自主的和平外交	新中国外交
	外交事业的发展	

续表

八年级历史下册		
单元	教材课时	实际课时
第六单元	科技文化成就	科技文化成就
	社会生活的变迁	社会生活的变迁
单元整体设计	专题　中国共产党的道路探索	
	专题　新中国经济建设	
	专题　民族团结与祖国统一	
	专题　中国外交	
总课时	19	15+4

3. 一体化课程建设，贯通化实施促初高衔接

教与学方式的变革，课程的多样化实施是初高中一体化改革实践的重要内容。自主、合作、探究的学习方式成为初高中一体化教与学的主旋律。基础型课程按照学科逻辑分科设置，从七到九年级完整地开课或分段开课，① 通过在初高中学科课程相同内容的标准中找到衔接点，教师进行有效的设计和开发。在保证课堂教学的基础上，加强心智培训，设计实验、演讲、辩论、考察和游学等丰富多彩的活动以营造生态化的学习环境，开展多样化学习，为学生展示自我、理解他人搭建平台。阅读课尝试将阅读作为其他学科教学的重要学习方式，采取汇报、讲座、讨论等多种形式分享阅读的心得体会，聘请专家进行阅读指导；个性化课程帮助学生形成更为清晰的自我认识，该类课程教师配置视具体内容和形式而定。尤其是实践和游学课程，在假期中开展活动，通过游历自然和人文景观，丰富体验，应用知识，开展研究性学习，培养学生独立的、持续探究的兴趣，获得亲身参与探索的体验，养成研究性学习的思维方式。②

---

① 阳利平. 初高中一体化课程与教学改革探究［J］. 新教育，2015（13）：23.
② 阳利平. 初高中一体化课程与教学改革探究［J］. 新教育，2015（13）：23.

📖 **案例 学科课程——初高中物理实验衔接（表 10-7）**

表 10-7 初高中物理学科一体化建设示例

年级	实验内容	课程标准衔接要点	课时
八年级	光的折射规律	初中：定性得出折射角随入射角变化趋势 高中：定量得出入射角正弦与折射角正弦成正比	2
八年级	弹力	初中：弹力大小的影响因素 高中：弹力与弹簧伸长的关系	2
八年级	力的合成	初中：同一直线上的力的合成 高中：力的合成与分解	2
八年级	势能	初中：设计实验定式研究势能的影响因素 高中：用重力做功的计算来推导重力势能表达式	2
九年级	测电阻	初中：伏安法测电阻（不考虑电表内阻） 高中：特殊方法测电阻	2
九年级	欧姆定律	初中：实验定式研究欧姆定律的表达式 高中：实验中电表内接和外接的影响	2

对物理学科来说，初高中物理实验有很多衔接点，易激发学生的求知欲。教师通过设计衔接实验，在完成初中课标要求的同时，根据高中的课标要求进行拓展设计，建立起初高中物理实验的桥梁。

📖 **案例 方法课程——学科方法贯通（表 10-8）**

表 10-8 初高中物理学科一体化建设示例（学科方法）

学段	学科	内容	课时
七年级	科学	科学探究方法	10
八年级	物理	物理研究方法	10
九年级	物理	物理实验设计	10
十年级	物理	物理思想和方法	10
十一年级	物理	科学创新意识和实践能力	10
十二年级	物理	物理学科高阶思维	10

二、拓展型课程的开发与实施

拓展型课程面向全体学生，是对基础型课程的拓展与延伸。其主要以校本课程实施为主，包含学科拓展课程、学段衔接课程、学科方法课程。为确保实施效果，各开课课程均要求编制课程纲要，作为课程实施的核心依据。课程纲要主要包括课程背景与基础、课程目标、课程内容、课程实施和课程评价五方面。各学科对学科素养进行深度分析，对学科核心学习习惯、学科核心能力、学科学习方法进行分级划分，设计本学科拓展课程体系，确定拟开设拓展型课程。

1. 基于基础型课程，设计拓展型课程的开发流程

基于基础型课程，通过组织教师学习理论、教研组教师研读课标，确定课程开发内容。基于学生学段的知识经验，教师链接相关学科确定主题课程内容。主题课程要具体明确，能准确地反映活动主题的内容、范围及研究的深度。主题内容须切合学科知识策略，经由学校课程管理小组进行审核评价，课程通过开发审核后，根据主题活动的需要，组织相应的教师指导团队，共同设计实施方案。在此过程中，教师需要收集、整理、学习大量相关的知识信息，结合学生的实际情况进行设计。此外，还要对课程的总目标和阶段性目标进行分解和细化，使方案更具体、更有针对性和操作性。接下来即为方案实施检验阶段，课程管理小组要从实施的角度再次进行评价，同时给出优化改善方案。基础型课程研究方案及技术路线详见图 10-6。

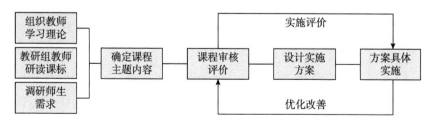

图 10-6　基础型课程研究方案及技术路线

课程资源是课程实施的重要基础。校内课程资源有校本手册、实物教学资源、数字化资源等类型。数字化资源包括系列微视频资源、网络影像资源

等，用于课堂教学或学生自主学习。

2. 创新学习方式样态，落实拓展课程

随着"互联网+教育"的发展，人们逐渐意识到，传统学习方式在"标准化"和"个性化"之间存在矛盾，时代发展需要对学习方式进行一场结构性变革。

第一，面向真实的项目式学习。新课标中提出，探索大单元教学，积极开展主题化、项目式学习等综合性教学活动。项目式学习对于学生的各项素养发展有积极作用，学生不仅要基于整个项目提出问题、分析问题、解决问题，还要展示过程，分析结果。在这些能力活动中学生进行深度的认知加工，在此过程中建构知识经验，转变和发展已有的认知方式，形成关键态度和情感价值观，整合形成稳定的核心素养。

基于项目式学习的问题，学习时长较长（学时无法保证），真实情境搭建中所跨学科落实课标针对性不强（考试内容不明显）等，导致项目式学习流于形式。目前，我校进行了基于跨学科的小项目式学习的拓展型课程开发与实施的尝试，具体划分为小项目式实践活动学习和融合课程学习。

例如，呼吸模型的制作，首先寻找跨学科的资源，针对生物学科，发现初一年级学生在学习肺部呼吸的时候，不理解肺部呼吸过程中气压的变化，其实物理学科可以很好地解释相关知识。那如何立体式深入地学习呢？基于两个学科课标中涉及的主要内容，进行了小项目式的跨学科实践设计。将海姆立克法引入真实生活情境，由学生制作呼吸模型，涉及的主要学科是生物和物理，其中气压的变化由物理学科设计科学探究实验帮助学生理解，学生结合理论知识进行模型制作，完成深度学习。

第二，强调跨学科主题学习。现行的分科教学有利于系统知识的习得，但不利于完整知识体系的形成和综合思维能力的培养。对于拓展型课程的开发以跨学科学习为重点，强调通过不同学科的交叉融合，培养学生的创新精神和实践能力。引入真实生活情境，以解决实际问题为最终目的，将不同学科围绕同一个主题联系起来，构建相互衔接贯通的课程体系。[①]

---

① 曹培杰. 高质量教育需要一场结构性学习变革［J］. 人民教育，2020（23）：55-58.

第三，注重思维的深度学习。为应对人工智能的挑战，社会对人的要求也发生了转变，深度学习改变的是教育目标，核心素养是对目标的描述。通过对拓展型课程的学习，引导学生将所学新知与原有知识建立联系，获取对知识的深层次理解，建立一套自己的思维框架，并有效迁移到其他的问题情境中。① 例如，初高中理化生教研组开发的科学类实验系列课程，包括初中系列科学实验说"节气"、科学实验说"探究"、科学实验说"健康"等，高中系列科学实验走向实践、应用等。教师根据基础型课程中的基本科学类实验进行主题化设计，开展深度学习和研究，强化合作学习，调动学生积极性，注重拓展内容的开放性，让学有余力的学生继续研究发现。《义务教育科学课程标准（2022 年版》）指出：从小就必须注重培养学生良好的科学素养，通过科学教育使学生逐步领会科学的本质，乐于探究，热爱科学，并树立社会责任感。

三、自主型课程的研究与创新

自主型课程是根据学生优势特长或职业生涯规划的需要开设的发展课程，旨在为学生提供多样化的选择。其包括学科发展课程、竞赛类课程、研究性课程、跨学科融合课程、跨学段课程。课程实施可分为校内选修和校外选修，校内选修利用课后服务进行长、短课时的授课，校外选修借助校外课程资源在教师的指导下进行。设计创新性作业，以研究性报告和动手制作为依托，拓展学生的知识外延，扩大学生的学习视野，增强学生的合作探究能力。让师生在原有活动的基础上，挖掘相关的显性资源和隐性资源，以新的视野、思路和起点推进自主型课程资源的开发与构建。

1. 基于学生发展需求，提供一体化课程服务

学校在课后服务阶段，探索新的互助团形式。学校打破学段、年级、班级界限，提供人文与社会、数学与思维、科学与技术、体育与健康、艺术与审美、实践与创新六大领域的课程服务菜单，由学生根据基础和兴趣组建"互助团"，自主设计具体课程内容，指定指导教师。指导教师不能仅局限于所教授的科目，要有全学科育人的能力，关注学生发现问题、解决问题的能

---

① 曹培杰. 高质量教育需要一场结构性学习变革 ［J］. 人民教育，2020（23）：55-58.

力，让学生在真实的情境下学习，培养其真实能力。

案例 学生自主设计课程——"人生远足"项目学习公司招标会

学校现在要组织初二年级的学生参加"人生远足"的社会实践活动，需要选择合适的策划服务公司。请同学们自行组合成立公司，策划实践活动课程，参加公开招标活动。为完成此项工作，同学们需要完成以下几方面的任务。

（1）选择公司成员，并安排公司各个职务，明确岗位职责；

（2）设计问卷，对同学们进行问卷调查，提取信息；

（3）选择合适的实践地点，并策划相应的实践课程；

（4）做好形成预算，给出合理价格，做好投标书。投标书的内容主要包括：实践活动地点行程安排、食宿安排、实践课程、行程报价、设计优势等。

2．打通课内课外，开展以综合实践为导向的学习

拓展学生的展示领域，提高其综合学习能力，使课堂成为其整个学习生活的策划中心，依托自主型课程开展综合实践活动，打通课内课外，对学科资源和非学科资源的开发进行一体化设计，将丰富多彩的现实生活引入课堂。

案例 自主型实践课程（表10-9）

表10-9 自主型实践课程示例

实践课程分类	课程内容	实施	课时
探寻足迹	京味文化	七年级	4
	名人故居	八年级	4
	博物馆系列	九年级	4
走进科学	趣味科学	七年级	4
	加油！向未来系列	八年级	4
	科技馆系列	九年级	4
拥抱健康	学会一项体育竞技项目	七年级	4
	体育健康教育	八年级	4
	心理技能训练	九年级	4

续表

实践课程分类	课程内容	实施	课时
遇见艺术	欣赏一场音乐会	全学段	4
	观看一场话剧	全学段	4

　　同一综合实践主题课程分类，教师设计了不同的主题课程内容，根据不同学段学生的兴趣和基础进阶式实施，校内校外相结合。例如，以探寻足迹为主题的内容，七年级主要实施京味文化课程，以实践活动课程形式为主，教师提供老北京文化相关连接知识，并提供实物展示或实践活动完成课程实施。八年级主要实施名人故居课程，结合基础型课程中学科名人的学习，通过实践研究性学习，更深入地了解相关的内容和背后的故事。九年级主要实施博物馆系列课程，结合已有的基础知识，走进博物馆，拓宽知识面。

📚 **案例　玩转假期——寒假实践课程（表 10-10）**

表 10-10　跨学科课程示例

主题形式	七年级	八年级	九年级
室内传统节日	语文：春节起源	语文：创作春联	语文：春节诗词
	数学：家庭采买记录、绘图	数学：家庭理财	数学：家庭采买记录（数学思维训练）
	英语：收集有关春节的单词、短语	英语：学唱节日英文歌曲	英语：向外国朋友介绍中国春节（作文）
	理化生：DIY 节日演奏乐器	理化生：制作节日美食——发面、饺子	理化生：节日大清扫——探秘清洁剂
	史地政：查阅一件今年的国家大事	史地政：查阅并分析一件今年的国家大事	史地政：完成一份今年的国家大事研究报告
	艺体：最喜爱的节目	艺体：最喜爱的节目	艺体：最喜爱的节目
室外实践课程	游朝阳公园——依照学程单、简单记录	游朝阳公园——完成学程单内容	游朝阳公园——自行设计学程单

　　本课程关注不同年级学生的特点及培养目标，进行跨学科主题假期实践

课程的开发及实施，供所有学生在寒暑假期间进行选修，代替传统的纸笔作业。

3. 以竞赛、研究促学，助力拔尖人才培养

各类学科竞赛有助于学生反馈专业能力、创新能力和综合能力。在课程实践中，通过研究性学习方式，成立专长社团，坚持学以致用，促进学生实践能力提升。引导有专长的学生向专业的深度、广度挖掘，有利于创新人才培养，同时此类课程的开发与实施也是学校推动教学改革、完善教学结构、实现人才培养目标的重要举措。

案例 研究型课程（表10-11）

表10-11 研究型课程示例

年级	课程内容	课时
全学段	戏剧社	10/学期
七年级、十年级	天文社团	10/学期
全学段	竞技运动	20/学期
全学段	科技竞赛	10/学期
七年级、八年级	绣艺	10/学期
七年级、八年级	博弈——棋类	10/学期
全学段	生物科技	10/学期
十年级、十一年级	摄影摄像	10/学期

四、一体化课程群的实施

一体化课程群在实施过程中，既有体现"五育"的横向融合课程，也有纵向融合课程，贯穿三层次六领域，更具动态性、开放性、综合性的课程，同时还有学科方法以及自信教育的渗透课程，体现了多学科、跨学科，乃至超学科课程的实施。它是根据社会发展需要和学生发展需求设计的综合育人项目式课程。其以项目学习成果为导向，强调创设学习情境，提供结构化活动内容，以自信教育的渗透课程为立足点，以学科学习方法为契合点，以跨学科主题课程为载体，以任务驱动为方式。凸显在学习过程中，其使学生能够认识到知识不再是独立的个体，并能够运用它的复杂性、互联性有效培养学生的系统性思维，一体多面的介绍、诠释、反思与应用已获取的知识和想获取的知识及能力，重在培养学生学习与实践的综合能力。

五、"双减"背景下课程作业的创新设计与实践探索

作业是学校教育教学管理工作的重要环节，是课堂教学活动的必要补充。教师习惯于按照常规布置作业、批改作业，学生习惯于按照要求去完成作业，双方都没有深入去思考：作业设计的质量是否高？这样的作业是否适合我？教师统一的批改方式是否有效？作业对不同学习者本身发挥了哪些作用？

随着教育内涵的发展和很多深层次问题的显现，作业的价值、作业自身存在的问题、教师的作业设计与实施能力都日益引起社会各方的高度关注。2021年"双减"政策的出台，明确减轻学生的作业负担。"减作业"不是简单意义上的减少时长或总量，而是要不断提高广大中小学教师的作业设计能力与实施质量。

现阶段的初中学业水平考试科目较多，要求较高，在一段时间内，教师们发现多做练习对于学生基础性试题的巩固确实有很大的帮助，这就导致教师对作业的设计较为枯燥，作业内容的丰富程度不够，不利于学生能力素养的全面发展。

（1）教师设计的作业往往以书面形式为主，且倾向于加大对应试和强化训练的投入，主要以练习和记忆为主。实践性、探究式的作业所占比重较少，体现出较强的应试意识和取向。这种情况导致学生在课堂上的自由支配时间较少，使学生容易陷入"题海"，客观上限制了其思维自主性和互动式成长发展的需求，抑制了其人格发展、个性特点及其创造思维的发展。[①] 长此以往，可能会出现以下问题。

①作业枯燥乏味：重复性的作业形式缺乏层次和延展性，不利于培养学生的知识运用能力，偏离了学科教学的本质。

②忽视兴趣培养：大量的、重复性的作业忽视了对学生学习兴趣的培养，

---

① 李延. 关于创新初中英语作业留置的研究 [J]. 考试周刊, 2021 (89)：97-99.

增加了其学业负担，可能导致其逐渐丧失学习的主动性和兴趣。

（2）教师在设计作业时未考虑作业的内容丰富程度，只将教学内容与教科书上的知识点作为重点，作业的内容与实际生活没有太大的联系，学生虽能借此巩固知识，但很难提升综合素养。

（3）缺乏分层性、自主性作业，每日更多的是全员的课时作业，所有的学生都要完成，没有根据学生的接受能力差异、兴趣爱好等进行科学的设计。除可以让学生对作业的难度、量度进行自主选择外，还可以引导他们根据自己的特长、兴趣、爱好对作业的形式进行自主选择，激发他们对作业的兴趣，发挥他们的自主能力，提高其规划能力和学习能力。

第三节　自主课程建设的评价量规

《基础教育课程改革纲要（试行）》指出："课程实施倡导学生主动参与、乐于探究、勤于动手，培养学生搜集和处理信息的能力、获取新知识的能力、分析和解决问题的能力以及交流与合作的能力。要改变课程评价过分强调甄别与选拔的功能，发挥评价促进学生发展、教师提高和改进教学实践的功能。增强课程对地方、学校及学生的适应性。"通过课程评价，促进学校课程的建设和实施，更好地发挥课程的育人功能，提高和改进教师教学实践的功能，促进学生发展的功能。

一、课程评价的目标和原则

1. 课程评价的目标

课程评价是课程实施的重要环节。课程目标确定了课程的基本价值取向，它指导着整个课程的设计和发展方向。课程评价则是基于这些目标的价值引导，通过收集和分析信息，来指导课程内容的设计、教学行为的选择以及学习活动的展开。通过课程评价，可以不断完善学校的课程体系，促进学生发展，提高教师的教学能力。

2. 课程评价的原则

（1）综合性原则。

任课教师应充分认识课程的意义，运用不同的学科思维、方法技能，提炼课程中蕴藏的价值，将其融合到教学中，充分彰显课程教育功能，提升学生的综合素养和综合施教能力，体现"以人为本、关注过程、关注发展"的理念。

（2）过程性原则。

课程评价应贯穿于课程的设计、开发与实施过程中，提升课程的领导力，促进教师综合施教能力提升，关注学生在学习过程中具体表现与学习效果，注意过程性评价和综合性评价相结合、定性评价和定量评价相结合、多元主体（学校、教师、学生、家长、社会）评价相结合。

二、课程评价体系

《基础教育课程改革纲要（试行）》提出，要"建立促进学生全面发展的评价体系""建立促进教师不断提高的评价体系"和"建立促进课程不断发展的评价体系"。通过多元评价，可以完善学校的课程体系；促进学生的全面发展、个性发展；促进教师施教能力的提升，为教师的特色发展、专业发展提供保障。

1. 重视课程评价管理，提升开发课程质量

课程评价既是对学校课程体系构建的整体评价，也对学校课程起着导向和质量监测的双重作用。学校课程体系构建的依据是育人目标和学生发展核心素养。

依据《北京市陈经纶中学团结湖分校课程开发评价方案》，从基本信息、课程目标、课程简介、课程内容、课程实施、课程评价等多方面进行评价，不断完善学校课程体系，体现课程的领导力及育人功能，同时也不断丰富学校、社会资源。依据量表进行打分测评，如果分数不能达到良好以上，则需要优化调整，只有分数达标后才能实施。拓展型课程开发的评价如表10-12所示。

表 10-12　拓展型课程开发的评价量表

评价项目	评价要素	分值	分数
基本信息	课程的基本信息齐全，包括课程的名称、开发教师、授课对象、课时安排等，教学手册资料（改编、创制、选编）	10	
课程简介	能用简洁的语言概述本课程的基本情况，包括需求评估、是否符合课程理念、对接国家课程标准情况、本校相应的资源条件、开发小组人员条件等	10	
课程目标	目标应体现与国家课程目标和学校办学总目标的一致性，课程的基本理念和目标及其育人功能	5	
	课程目标的陈述、用词科学、明确、具体，具有可操作性	5	
	学生通过学习这门课程其核心素养是否有所提升	5	
课程内容	课程内容应符合学生的年龄特征、认知特点、知识经验等	5	
	课程内容框架清晰、重点明确，可以对接国家课程标准的内容或做好延伸和弥补	5	
	说明教学材料的类型，如选编、改编、创编等	5	
课程实施	明确说明课程实施的具体方法，包括教学的主要方法、组织型课程安排、实施场地、人员安排等	10	
	突出说明课程的教师实施策略	10	
	说明课程实施的保障措施，包括资源保障、人员保障、制度保障等	10	
课程评价	评价方式多元化、评价标准明确，方法具有可操作性、可测量性	10	
手册编制	手册编制符合文体要求，行文规范，层次清晰，逻辑严密，语句通畅，无错别字	10	
总分			
说明：总分 100 分，优秀 85—100 分，良好 75—84 分，合格 60—74 分。			

2. 基于核心素养目标，完善育人评价体系

（1）核心素养分为文化基础、自主发展、社会参与三个方面，综合表现为人文底蕴、科学精神、学会学习、健康生活、责任担当、实践创新六大素养。不同的课程所指向的核心素养落实的目标不同，基于不同素养目标所包含的项目进行具体分类评价，不同课程不同素养目标不同评价指标（图 10-7）。

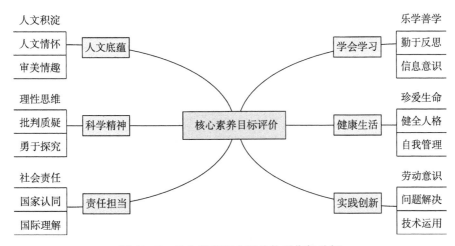

图 10-7 核心素养育人评价体系指标分解

部分课程需要落实科学精神的素养目标，科学精神作为人类文明的崇高精神，它表达的是一种敢于坚持科学思想的勇气和不断探求真理的意识，它具有丰富的内涵和多方面特征。核心素养中的科学精神是指理性思维、批判质疑和勇于探究。通过课程的学习，借助评价量表，了解学生的科学精神在原有基础上的变化，再通过分析量表测量结果，进一步完善课程的设计和实施（表 10-13）。

表 10-13 科学精神评价量表

评价维度	核心要素	观测点	评价标准	相应打"√"
科学精神	理性思维	崇尚真知	能理解和掌握基本的科学原理和方法	□非常符合 □基本符合 □不符合
		尊重证据	有实证意识和严谨的求知态度	□非常符合 □基本符合 □不符合
		逻辑清晰	能运用科学的思维方式认识事物、解决问题	□非常符合 □基本符合 □不符合

续表

评价维度	核心要素	观测点	评价标准	相应打"√"
科学精神	批判质疑	问题意识	能独立思考，提出疑问	□非常符合 □基本符合 □不符合
		思维缜密	能多角度辩证地分析问题，并作出选择和决定	□非常符合 □基本符合 □不符合
	勇于探究	大胆尝试	能积极寻求有效的问题解决方法	□非常符合 □基本符合 □不符合
		坚持探索	能不畏困难，有坚持不懈的探索精神	□非常符合 □基本符合 □不符合

（2）强调对学生的表现性任务评价。表现性任务评价具有真实性，并且具备三个显著特点。

①具有现实意义：表现性任务评价通常来源于现实生活中的场景，解决这些任务能够带来成就感。这些任务反映了实际工作和生活中的问题，通过解决这些问题，学生能够感受到成功的喜悦。

②具有复杂的情境脉络：与简单的练习题不同，表现性任务通常处于复杂、混乱的环境中。在这些情境中，多种因素相互作用，并且随着时间和条件的变化而变化。这种复杂性要求学生具备分析问题、解决问题的能力，并能够在充满干扰因素的环境中做出合理的决策。

③具有开放的学习环境：表现性任务通常在一个资源开放的环境中进行。与传统的闭卷考试不同，学生可以自由获取各种资料，包括书籍、互联网资源等，以帮助他们完成任务。此外，学生还可以在任务完成过程中主动寻求反馈，并根据反馈进行改进。在某些情况下，学生甚至可以根据实际情境的需求，对任务本身进行适当的调整，以更好地满足"客户"的需求。

通过这些特点，表现性任务评价不仅能够检验学生的知识和技能，还能培养他们的实际问题解决能力、创新思维和适应复杂环境的能力。这种评价方式有助于学生在现实世界中更好地应用所学知识，并促进他们的全面发展（图10-8）。

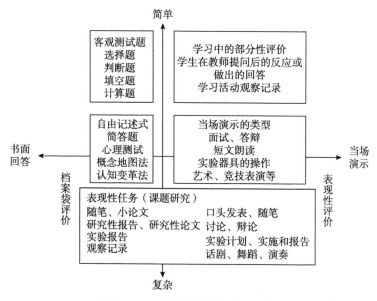

图10-8　表现性评价方法的分类

3. 加强课程实施管理，提升教师施教能力

课程对教师的评价，可以是管理者、受教育者对施教者的评价，也可以是施教者间的评价，或是自身的评价，目的是发挥评价的导向和激励作用，以调动施教教师的积极性，提升其施教能力。通过课程评价，反思教学过程，改进教学方法，提高教学能力，并逐步形成评价与教学的相互促进作用。例如，方法课程的阶段性评价，教师可以与学生用一张评价表进行评价，根据师生的评价结果，完善实施过程，提升教师的施教能力（表10-14）。

表 10-14　北京市陈经纶中学团结湖分校自主课堂评价表（教师）

评价指标	评价要素	分值	分数
教学目标	1. 依据课程标准，学科特点，立足学生实际和发展，能体现育人价值，能促进学生核心素养发展	5	
	2. 目标具有可操作、易检测性	5	
学习条件	1. 学习氛围民主和谐，有利于吸引激励学生参与学习活动，激发学习兴趣	5	
	2. 教学环节设计清晰，能创设真实的情境，设计层级化的问题与任务，清晰地指向学科本质理解和高阶思维、关键能力培养，发展学生的核心素养	10	
	3. 能根据学习内容和学生特点，选择恰当的学习资源，合理融入信息技术等教学手段	5	
学习指导	1. 在预习、听课、研讨、复习、作业、实践等环节中，能给予学生学习习惯、方法的指导	5	
	2. 能给予学生规范、清晰、易懂的思维示范或言行示范，学科知识准确无误	10	
	3. 能对学生进行及时恰当的评价与反馈，能充分利用教学过程中的生成性资源	5	
学习活动	1. 教学方式多样，学生能积极主动参与师生、生生等交流	5	
	2. 在教师的指导下，学生能主动参与知识网络建构，围绕学科思想、方法、规律进行归纳和总结	10	
学会质疑	1. 教师提问具有层次性，能促进学生思维能力提升	5	
	2. 学生在学习活动中表现出强烈的问题意识、适当的思维深度和积极的学习情感，能提出有研究价值的问题	5	
学习效果	1. 学生能积极地投入学习过程中，能进行深层次的思考和交流	5	
	2. 学生能够对基于学科的态度、价值观产生共鸣和认同，并表现出进一步学习、探索的愿望	5	
学习评价	1. 学生准确理解所学内容，并与相关内容建立内在联系，能够利用所学知识进行识别、描述、说明、解释等	5	
	2. 学生能够运用所学内容和学科思想与方法，进行证明、阐述、分析、比较、归纳、概括、评价、设计等，有效迁移解决问题	5	

续表

评价指标	评价要素	分值	分数
特色创新	1. 学科教学特点鲜明，具有个人教学特色，能体现对学生自主学习的指导 2. 勇于进行课堂教学实践探索，在教学设计或教学实践等环节富有创意	5	
总分			
说明：A 课 85 分以上，B 课 70—84 分，C 课 60—69 分，D 课 60 分以下			

三、评价量规

（一）对课程的评价——立足目标，动态评价

课程设计的评价应关注课程内容的真实性、可信性，教学安排是否合理科学，通过分析学生的实际情况，设计开发课程，课程内容传授相关学科知识的同时，更要注重对学生能力的培养，重视其核心素养的养成。

围绕课程目标进行课程评价的结果主要用于：

1. 确定或验证课程实施的效度。将课程评价结果与评价之前的发展状态进行对比，可以清晰地反映出经过评价之后课程教学中将会发生的变化，按照预期设想当前的课程教学是否有进展或者存在哪些障碍。

2. 以对课程设计的评价结果为依据，甄别课程设计或教学过程中具体还有哪些方面需要改进或完善。因为按照泰勒的观点，课程设计本身就是一个持续发展和不断更新的过程，在此过程中必须对所编制的课程及各个环节进行反复的验证和修复，而评价就是一个最好的检验手段，通过科学的评价可以确定课程设计中的不足，及时进行校正和改进。同时，对课程设计的评价可以让课程目标变得更为清晰、更有针对性，对教学活动的完善以及受教育者学习效果都具有重要的引导意义。而且通过对外公开评价结果，家长和社会公众可以直观了解学校办学水平等相关信息。[①]

学科课程体系的建设效果评价要坚持目标导向，依循发展性原则，从课

---

① 高臣. 中等职业学校德育课程评价研究 ［D］. 西南大学. 2016.

程目标与发展战略的结合度、课程结构与能力要求的对应度、课程范围与发展领域的密切度、课程效果与人才培养的达成度等多维度展开，这样的评价模式是伴随跨学科课程体系的动态建设过程进行的，具有动态适应性，以保证课程评价的不断优化（表10-15）。

表 10-15　课程资源开发评价

评价项目	评价要素	分值	分数
基本信息	课程的基本信息齐全，包括课程的名称、开发教师、授课对象、课时安排等，教学手册资料	10	
课程简介	能用简洁的语言概述本课程的基本情况，包括需求评估、是否符合课程理念、对接国家课程标准情况、本校相应的资源条件、开发小组人员条件等	10	
课程目标	目标应体现与国家课程目标和学校办学总目标的一致性	2	
	学生通过学习这门课程其核心素养是否有所提升	2	
	能体现这门课程的育人功能	2	
	体现课程的基本理念和目标	2	
	课程目标的陈述、用词科学、明确、具体，具有可操作性	2	
课程内容	课程内容应符合学生的年龄特征、认知特点、知识经验等	10	
	课程内容框架清晰、重点明确，可以对接国家课程标准的内容或做好延伸和弥补	10	
	说明教学材料的类型，如选编、改编、创编等	10	
课程实施	明确说明课程实施的具体方法，包括教学的主要方法、组织形式、课程安排、实施场地、人员安排等	10	
	突出说明课程的教师实施策略	10	
	说明课程实施的保障措施，包括资源保障、人员保障、制度保障等	10	
课程评价	评价方式多元化、评价标准明确，方法具有可操作性、可测量性	10	
手册编制	手册编制符合文体要求，行文规范，层次清晰，逻辑严密，语句通畅，无错别字		

（说明：总分100分，优秀85—100分，良好75—84分，合格60—74分）

（二）对学生的评价——素养提升，自信成长

核心素养的三大原则是坚持科学性，注重时代性，强化民族性。这就需

要强调遵循学生身心发展规律与教育规律，将科学的理念和方法贯穿研究工作全过程，重视严谨规范性。强调具有前瞻性的教育思想和教育理念，与时俱进。强调中华优秀传统文化的传承与发展，突出强调社会责任和国家认同，充分体现民族特点，确保立足中国国情、具有中国特色。

核心素养分为文化基础、自主发展、社会参与三个方面，综合表现为人文底蕴、科学精神、学会学习、健康生活、责任担当、实践创新六大素养。其强调能习得人文、科学等各领域的知识和技能，掌握和运用人类优秀智慧成果，涵养内在精神，追求真善美的统一，发展成为有宽厚文化基础、有更高精神追求的人。

核心素养归根结底是探究如何对知识、技能和态度进行整合并应用到不断变化的真实情境中。在这样的真实情境中，跨学科素养尤为重要。

六大核心素养具体评价要素如下：

1. 人文底蕴评价

人文底蕴是我们内心蕴藏的人类文化中的先进和核心部分的才知与见识，是对中华传统文化的深厚理解，包括对其内情、底细的洞察及对其内涵的理解，其是推动我们健康持续发展的精神原动力、支持言行的综合体。其中，"人文"决定着人的精神走向，"底蕴"指出了人的才智与见识是带有内敛和隐含特点的。人文底蕴的不断积淀与丰富，可以提升人的品位和气质。①

人文底蕴包括人文积淀、人文情怀、审美情趣。通过课程的学习，借助评价量表（表10-16），了解学生的人文底蕴在原有基础上是否有所提升，如在古今中外人文领域基本知识和成果的积累方面；以人为本的意识，尊重、维护人的尊严和价值方面；关切人的生存、发展和幸福方面；艺术知识、技能与方法的积累方面；等等。通过分析量表测量结果，进一步完善课程的设计和实施。

---

① 于海礁. 谈我国学生发展核心素养中的"人文底蕴"——基于非物质文化遗产的视角［J］. 中国教育学刊，2017（05）：82-85.

表 10-16 人文底蕴评价量表

核心要素	观测点	评价标准	相应打 "√"
人文积淀	领悟	能主动积累古今中外人文领域基本知识和成果	□非常符合 □基本符合 □不符合
	能力	理解和掌握人文思想中所蕴含的认识方法	□非常符合 □基本符合 □不符合
	实践	掌握人文思想中所蕴含的实践能力	□非常符合 □基本符合 □不符合
人文情怀	感悟	具有以人为本的意识，尊重、维护人的尊严和价值	□非常符合 □基本符合 □不符合
	能力	主动关切人的生存、发展和幸福等	□非常符合 □基本符合 □不符合
审美情趣	技能	具有艺术知识、技能与方法的积累	□非常符合 □基本符合 □不符合
	能力	理解和尊重文化艺术的多样性，具有发现、感知、欣赏、评价美的意识和基本能力	□非常符合 □基本符合 □不符合
	价值	具有健康的审美价值取向	□非常符合 □基本符合 □不符合
	表达	具有艺术表达和创意表现的兴趣和意识	□非常符合 □基本符合 □不符合

2. 科学精神评价

科学精神作为人类文明的崇高精神，它表达的是一种敢于坚持科学思想的勇气和不断探求真理的意识，它具有丰富的内涵和多方面特征。核心素养中的科学精神是指理性思维、批判质疑和勇于探究。其具体包括：

理性思维——崇尚真知，能理解和掌握基本的科学原理与方法；尊重事实和证据，有实证意识和严谨的求知态度；逻辑清晰，能运用科学的思维方式认识事物、解决问题、指导行为等。

批判质疑——具有问题意识；能独立思考、独立判断；思维缜密，能多角度、辩证地分析问题，作出选择和决定等。

勇于探究——具有好奇心和想象力；能不畏困难，有坚持不懈的探索精神；能大胆尝试，积极寻求有效的问题解决方法等。[①]

通过课程的学习，借助评价量表（表 10-13），了解学生的科学精神在原有基础上的变化，再通过分析量表测量结果，进一步完善课程的设计和实施。

3. 学会学习评价

美国著名未来学家阿尔温·托夫勒曾经指出："未来的文盲不再是不识字的人，而是没有学会怎样学习的人。"学会学习是现代学习的一种新观念，在核心素养中，学会学习包括三方面。

（1）乐学善学：能正确认识和理解学习的价值，具有积极的学习态度和浓厚的学习兴趣；能养成良好的学习习惯，掌握适合自身的学习方法；能自主学习，具有终身学习的意识和能力等。

（2）勤于反思：具有对自己的学习状态进行审视的意识和习惯，善于总结经验；能够根据不同情境和自身实际，选择或调整学习策略和方法等。

（3）信息意识：能自觉、有效地获取、评估、鉴别、使用信息；具有数字化生存能力，主动适应"互联网"等社会信息化发展趋势；具有网络伦理

---

① 王瑞，谢悦，谢爱萍. 基于育人目标的学校课程体系建设［J］. 河南教育（基教版），2023（Z1）：16-18.

道德与信息安全意识等。①

通过课程学习，借助评价量表（表 10-17），了解学生的学习能力，再通过分析量表测量的结果，进一步完善课程的设计和实施。

表 10-17　学会学习评价量表

核心要素	观测点	评价标准	相应打"√"
乐学善学	参与	主动回答老师的问题，积极参与各项学习活动，能够说出本节课学习的主要知识和掌握的基本技能	□非常符合 □基本符合 □不符合
	合作	在学习过程中，善于观察同伴的动作并帮助指正	□非常符合 □基本符合 □不符合
	实践	针对课程内容中实践活动部分能够积极参与，并能很好地完成	□非常符合 □基本符合 □不符合
	展示	及时物化成果，并能熟练地展示小组学习成果，能熟练制作展示课件	□非常符合 □基本符合 □不符合
勤于反思	自信	在学习过程中，敢于展示，敢于评价，敢于质疑，提出有建设性建议	□非常符合 □基本符合 □不符合
信息意识	资料	针对课程内容进行很好的资料收集并筛选整理，能够合理有效地利用资料	□非常符合 □基本符合 □不符合

4. 健康生活评价

健康生活是核心素养的核心部分，是学生学会学习、有责任担当、可以实践创新、有科学精神的关键，是一个人拥有幸福人生的基础。核心素养中的健康生活包括以下三个方面。

---

① 成长春，瞿锦秀. 面向国家重大需求　培养创新型人才 [J]. 中国高等教育，2022（19）：10-12.

（1）珍爱生命：理解生命意义和人生价值；具有安全意识与自我保护能力；掌握适合自身的运动方法和技能，养成健康文明的行为习惯和生活方式等。

（2）健全人格：具有积极的心理品质，自信自爱，坚忍乐观；有自制力，能调节和管理自己的情绪，具有抗挫折能力等。

（3）自我管理：能正确认识与评估自我；依据自身个性和潜质选择合适的发展方向；合理分配和使用时间与精力；具有达到目标的持续行动力等。

通过课程学习，借助评价量表（表10-18），了解学生健康生活，再通过分析量表测量的结果，进一步完善课程的设计和实施。

表10-18　健康生活评价量表

核心要素	观测点	评价标准	相应打"√"
珍爱生命	领悟	理解生命意义和人生价值	□非常符合 □基本符合 □不符合
	具备	具有安全意识与自我保护能力	□非常符合 □基本符合 □不符合
	实践	掌握适合自身的运动方法和技能，养成健康文明的行为习惯和生活方式	□非常符合 □基本符合 □不符合
健全人格	具备	具有积极的心理品质，自信自爱，坚忍乐观	□非常符合 □基本符合 □不符合
	管理	有自制力，能调节和管理自己的情绪，具有抗挫折能力	□非常符合 □基本符合 □不符合
自我管理	评价	能正确认识与评估自我	□非常符合 □基本符合 □不符合

续表

核心要素	观测点	评价标准	相应打"√"
自我管理	选择	依据自身个性和潜质选择合适的发展方向	□非常符合 □基本符合 □不符合
	计划	合理分配和使用时间与精力	□非常符合 □基本符合 □不符合
	执行	具有达到目标的持续行动力	□非常符合 □基本符合 □不符合

5. 责任担当评价

从价值论角度分析，责任是人生命存在的独特价值标志，体现出人生命存在的意义。从社会价值看，无论是国家还是社会，都需要一定的秩序，需要每一个人都切实履行自己的职责，承担相应的责任，只有当每一个人都能承担起应有的责任时，才能保证社会的稳定与繁荣。核心素养中的责任担当包括以下三个方面。

（1）社会责任：自尊自律，文明礼貌，诚信友善，宽和待人；孝亲敬长，有感恩之心；热心公益和志愿服务，敬业奉献，具有团队意识和互助精神；能主动作为，履职尽责，对自身和他人负责；能明辨是非，具有规则与法治意识，积极履行公民义务，理性行使公民权利；崇尚自由平等，能维护社会公平正义；热爱并尊重自然，具有绿色生活方式和可持续发展理念及行动等。

（2）国家认同：具有国家意识，了解国情历史，认同国民身份，能自觉捍卫国家主权、尊严和利益；具有文化自信，尊重中华民族的优秀文明成果，能传播弘扬中华优秀传统文化和社会主义先进文化；了解中国共产党的历史和光荣传统，具有热爱党、拥护党的意识和行动；理解、接受并自觉践行社会主义核心价值观，具有中国特色社会主义共同理想，有为实现中华民族伟大复兴中国梦而不懈奋斗的信念和动力。

（3）国际理解：具有全球意识和开放心态，了解人类文明进程和世界发展动态；能尊重世界多元文化的多样性和差异性，积极参与跨文化交流；关注人类面临的全球性挑战，理解人类命运共同体的内涵与价值等。①

通过课程学习，借助评价量表（表10-19），了解学生责任担当素养，再通过分析量表测量的结果，进一步完善课程的设计和实施。

表 10-19　责任担当评价量表

核心要素	观测点	评价标准	相应打"√"
社会责任	自我责任	能主动关注自身健康和安全；关注自身学习和成长	□非常符合 □基本符合 □不符合
	家庭责任	能主动孝敬父母，尊老爱幼；生活能自理并主动承担家务	□非常符合 □基本符合 □不符合
	他人责任	能尊重、帮助、接纳他人	□非常符合 □基本符合 □不符合
	集体责任	能积极参加公益活动；自觉履行班级义务，维护班级荣誉；能友好对待同学，团结协作	□非常符合 □基本符合 □不符合
	环境责任	能自觉爱护环境，勤俭节约，尊重他人劳动成果	□非常符合 □基本符合 □不符合
国家认同	国家意识	了解国情历史；认同国民身份；自觉履行公民义务	□非常符合 □基本符合 □不符合
	文化自信	能自觉传播弘扬传统文化和社会主义先进文化	□非常符合 □基本符合 □不符合
	政治认同	热爱中国共产党、拥护党的意识和行动；自觉践行社会主义核心价值观；有为实现中华民族伟大复兴中国梦而不懈奋斗的信念和动力	□非常符合 □基本符合 □不符合

---

① 核心素养研究课题组. 中国学生发展核心素养［J］. 中国教育学刊, 2016（10）: 1-3.

续表

核心要素	观测点	评价标准	相应打 "√"
国际理解	国际理解认知	主动学习国际知识；有命运共同体意识	□非常符合 □基本符合 □不符合
	多元文化意识	理解文化多元；尊重多元文化差异；有参与跨文化交流意识	□非常符合 □基本符合 □不符合
	全球问题意识	关注人类面临的全球性挑战，理解人类命运共同体的内涵与价值	□非常符合 □基本符合 □不符合

6. 实践创新评价

实践创新既可以在实践的过程中，在传统思维的基础上运用各种技法进行创新，也可以创新方法，在生活中去实践。核心素养中的实践创新包括以下三个方面。

（1）劳动意识：尊重劳动，具有积极的劳动态度和良好的劳动习惯；具有动手操作能力，掌握一定的劳动技能；在主动参加的家务劳动、生产劳动、公益活动和社会实践中，具有改进和创新劳动方式、提高劳动效率的意识；具有通过诚实合法劳动创造成功生活的意识和行动等。

（2）问题解决：善于发现和提出问题，有解决问题的兴趣和热情；能依据特定情境和具体条件，选择制订合理的解决方案；具有在复杂环境中行动的能力等。

（3）技术运用：理解技术与人类文明的有机联系，具有学习掌握技术的兴趣和意愿；具有工程思维，能利用技术将创意和方案转化为有形物品或对已有物品进行改进与优化等。[①]

通过课程学习，借助评价量表（表10-20），了解学生的实践创新情况，再通过分析量表测量的结果，进一步完善课程的设计和实施。

---

① 核心素养研究课题组. 中国学生发展核心素养 [J]. 中国教育学刊，2016（10）：1-3.

表 10-20 实践创新评价量表

核心要素	观测点	评价标准	相应打"√"
劳动意识	尊重劳动	有积极参与劳动的态度和良好的劳动习惯	□非常符合 □基本符合 □不符合
	动手操作	能掌握一定的劳动技能	□非常符合 □基本符合 □不符合
问题解决	善于发现	善于提出问题，有解决问题的兴趣和热情	□非常符合 □基本符合 □不符合
	制订方案	能依据特定情境和具体条件，选择制订合理的解决方案	□非常符合 □基本符合 □不符合
技术应用	掌握技术	具有学习掌握技术的兴趣和意愿	□非常符合 □基本符合 □不符合
	创意工程	能利用技术将创意和方案转化为有形物品或对已有物品进行改进和优化	□非常符合 □基本符合 □不符合

（三）对教师的评价——由专业化走向综合化

课程实施过程是教育者和受教育者与现代课程发生双向互动的矛盾运动过程，而要使这种双向互动活动符合现代课程要求。

1. 主动性

在教育者与受教育者关系中，虽然受教育者处于一种被动地位，但是这种被动的地位并非固定的、绝对的，其在一定条件下也可以转化为现代课程实施过程中的教育者（如在自我教育阶段）。因此，如何在课程实施过程中充分调动学生个体的积极性、主动性显得尤为重要，这可以作为评判课程实施过程效果的重要标志。

2. 参与性

受教育者在整个课程实施过程中所接受的教育性经验如何，在某种程度上取决于其对课程的参与程度。参与程度越高，其接受的德育影响越丰富，整个课程实施过程也越具有育人的价值。[①]

跨学科课程学习是以学科为本位的综合模式学习，该课程是进行学科与知识的整合，其实质就是进行"综合性学习"，强调"做中学"，以丰富学生的直接经验、培养学生的综合探究能力等。

跨学科主题学习的综合性、探究性和生成性，要求教师不仅要不断更新自身的专业知识结构，更要不断优化知识结构。课程的综合化要求教师必须形成多元的综合知识结构，主要体现于教师在扎实的学科专业知识、文理兼备的综合知识、系统的教育专业知识和原有的知识之间的比例协调与架模合理，使教师既专又博、一专多能，更好地适应综合课程教学与指导学生开展综合实践活动的需要。[②]

课程的综合化需要教师具备综合能力，如课程参与能力、信息驾驭能力、指导学生进行科学探究的学习能力、交往合作能力、行动研究能力等。在跨学科主题课程的实施中，存在着大量不确定、难以预知的因素、情景与状态，即使教师的教学行为与学生的活动行为本身也常常是动态的、变化的，这就要求教师不仅要具备专业学科素养，而且要从专业化走向综合化。因此，学校在跨学科主题学习的实践和评价中关注教师在跨学科主题学习过程中课程资源开发和研究的能力；关注教师在课程实践中水平提高的过程；关注教师创造力、综合能力的提升过程（表10-21）。

---

① 高臣. 中等职业学校德育课程评价研究 [D]. 西南大学，2016.
② 田秋华. 课程综合化与教师：挑战与应对 [J]. 河西学院学报，2006（06）：83-86.

表 10-21 教师实施的评价表格

评价项目	评价标准	分值	分数
指导思想	体现跨学科实践课程的教学原则	10	
	注重学生团队协作和人际交往能力的培养	10	
	重视实践能力和创新思维的培养	10	
目标内容	目标明确、具体、符合学生实际	5	
	内容充实，层次分明，针对性强	5	
指导过程	引导学生主动参与探究、学习、实践	10	
	提供真实情境，营造良好氛围	10	
	注重联系实际生活，面向全体，及时反馈	10	
教师素质	专业知识丰富，组织课堂能力强	10	
学生活动	学生参与率高，积极性高	5	
	全体学生都有不同程度的收获	5	
手册编制	善于思考，勇于创新和实践	10	

（注明：总分 100 分，优秀 85—100 分，良好 75—84 分，合格 60—74 分）

在课程实施的过程中，可以通过不同的维度进行评价，如管理者、施教者、受教者分别从课程的设计、实施的过程、受教者的接受程度等方面，定期如每月、学期末等不同时段，通过评价量表进行测评，了解课程的设置是否符合学生的需要、是否利于学生的核心素养发展，从而进一步反思课程中设计的不足、实施中的方法是否得当等，进一步完善课程，提升学生的核心素养。

四、课程实施的效果与特色

（一）塑造自信精彩的"团分学子"

跨学科课程的实施改变了学生的学习方式，多学科知识的建构培养了学生解决综合问题的能力，同时走出了校园、走上了社会、贴近了自然，有了学校生活中从未有过的生活体验，让他们有了新的生活体悟。学生的学习能力和创造意识普遍增强，动手能力和实践能力明显提高，综合能力得到提升。

1. 在资料收集中提高了学生收集、处理信息的能力

在学科实践活动中，学生必须收集相关信息，并对收集的信息进行处理。如在"桥梁设计制作"实践活动中，学生收集了大量有关桥梁承重、结构、制作方面的资料，并将这些资料进行分类整理，形成书面材料。通过跨学科课程的开展，学生能够做到有目的地收集资料，并把资料进行归类整理，选择有价值的资料进行研究，从而提高了其收集、处理信息的能力。

2. 在学习过程中提高了学生的合作交往能力

对于跨学科课程，学生一般要组成小组进行合作学习。各种不同主题的学习都需要小组内的成员依据自身的优势，合理分工，不断推进学习进程。如在一次大文科融合课上，课程的主题就是学生们自己组队成立公司，确定成员在公司中不同的职位和职责，制订初中生研学方案，通过竞标的方式夺得优秀设计大奖。通过学科实践活动课程的开发，使学生的组织能力、交往能力、领导能力等方面得到进一步提高。

3. 在课程实施中发展了学生对知识的综合应用和创新能力

跨学科课程实施的过程，就是学生综合运用知识进行体验、研究的过程。比如我们开展的"灌溉系统"综合实践课程，学生要运用多学科的知识来进行研究，通过这项活动的开展，有意识地培养了学生对学科知识的综合运用和创新能力。

4. 在情感的教育培养中提高了学生的自主发展能力

实践课程与传统课程最大的区别就是体验，学生走进自然、走进社会，在大自然中体验生存与发展，学会基本的独立生活方法，培养自我服务的能力，学会遵守公共秩序，体验集体生活，培养与人合作、团结的品质。探寻足迹课程的学习让学生在回顾国家历史的过程中不断地达到自我教育、自我发展的目的，增强其自我意识和强烈的社会责任感。

学校中考成绩取得明显进步，学生入口位的平均分位列全区第54位。在2021年中考中，平均分排名第19位。优秀学生比例明显提升，最高分达650分以上，进入全区前20名；全校620分以上学生约占30%，610分以上学生约占50%，600分以上学生约占70%。学生在参加各级各类活动竞赛中取得

了优异的成绩，其中两位同学的论文获得创新性成果论文类银奖，生物模型设计小组同学们的作品在自然博物馆展出，棋社小组的同学们在北京市中小学智运会中荣获团体一等奖，张浩珂等同学在 2021 年全国青少年电子信息智能创新大赛北京赛区电子艺术挑战中获一等奖，在第三十七届北京学生科技节——中小学生科技创客活动中荣获多项集体和个人奖项。学科实践活动课程的开发与实施，让学生在各类科技比赛、体育竞技比赛、艺术节等活动中获奖数量增长明显。

（二）打造学科综合的"团分教师"

通过对跨学科课程的研究，使学校教师对跨学科课程的开展有了一定的认识，同时能结合学校内外资源，设计一些跨学科课程案例，形成分年级分目标的寒暑假实践活动手册。在课程研究开发与实施推进的过程中，老师们也获得了很多的奖项。如"灌溉系统"跨学科融合课例获得全国一等奖，论文《初中语文教学中渗透传统文化》获得市级一等奖，论文《利用 TI 图形计算器促进学生自主学习初探》获得市级一等奖，活动手册《寒暑假综合实践课程》获得区级一等奖，论文《谈理化生融合课在物理教学中的影响》获得市级二等奖，多位教师荣获各级各类比赛优秀辅导教师奖。此外，有关跨学科课程建设的课题也正在研究当中。

1. 转变了教师的教育观念，形成新的课程理念

在跨学科课程研究的过程中，通过外出学习、举办讲座、集体培训、课例观摩等形式，组织教师学习新课程相关理论知识，树立正确的教育思想。随着课程资源的开发与实施，教师逐步转变了教育观念，从课程目标与教育目的等方面重新审视课程目标的价值取向，形成新课程理念，特别是对跨学科课程有了全新的认识。跨学科课程不仅是教材，而且其内容是开放的、形式是多样的；跨学科课程不仅是课，而且其结构是多元的，与学生的生活是密切相关的。跨学科课程的开发主体不仅是教师，学生更是活动的主体。

2. 增强了教师的课程意识，提高了教师开发课程资源的能力

跨学科课程资源的开发打破了学校、家庭以及社区之间的壁垒，它要求教师切实转变长期以来形成的学科本位的课程观，在更广泛的空间内实施课

程。这就要求教师在课程的设计上，不仅要关注学生的经验、兴趣和知识的综合，还要关注社会现实，实现学生经验、学科知识和社会现实三方面的内容整合。通过跨学科课程的开展，教师开始积极关注本学科在学生生活中的实际应用，在学科教学中挖掘跨学科课程主题。主动开发跨学科课程资源，使教师的课程意识和开发课程资源的能力得到明显提升。在日常工作中，教师关注并开发课程资源已成为一种习惯。

3. 促进了教师理论的学习，提高了教师的教育科研水平

通过深入研究并推进跨学科课程的开发与实施，大大激发了教师学习教育理论和专业知识的热情。教师主动学习教育理论知识，学习的内容也从原来的教育教学领域扩展到文学、自然科学、社会学、信息技术等领域。随着知识面的不断拓宽和知识的持续更新，教师能有效地将知识整合到自己的教育教学领域中去。

（三）特色与创新

1. 理念创新，落地扎实

确定跨学科课程是基于"关于生活，通过生活并为了生活的课程"的理念而研究开发并实施的。回归学生的生活世界并不是说传统课程没有生活或不在生活中，而是改变传统课程脱离学生生活的局面，让学生走出成人为自己预设的生活，过自己有价值的生活。跨学科课程立足学生的直接经验，关注学生的自主探究，打破学科间的壁垒，重建课程观、教学观和学习观。在课程实施的过程中，我们看到了这类课程的优势，它强调创造性的问题解决、合作学习等策略的运用，鼓励学生建立各种联系，走出封闭的个体学习行为，面向个体间的交流与合作。

2. 形式创新，体系完备

跨学科课程的研究主要从系统构建、整体推进和校本实施等多个角度进行。首先，从纵向层面上，我们对初中阶段不同年级跨学科课程的目标、内容以及评价体系进行具体设计，使之有机衔接，从而在实施过程中更具可操作性；其次，在横向层面上，我们将跨学科活动与跨学科课程有机整合，使学科知识在跨学科课程中得到延伸、重组与提升；最后，在实践层面上，我

们探索了学科实践活动校本实施策略和具体操作方法。经过近六年的探索，本研究促进了学校有效开发并实施跨学科课程，并取得了一系列研究成果。

3. 机制创新，资源整合

在跨学科课程的开发与实施的过程中充分开阔视野，对接国家大力推行实践学习的政策资源，借助项目合作中科技公司、研究团体的智慧资源，依托社会大课堂学习中的教育资源，发掘所属社区以及学生家长的既有区域资源，激活内涵发展中师生内在发展动力的人力资源，全力打造课程建设体系、实施模式和评价方式。

(四) 课程的反思与展望

做好跨学科主题教学工作，需要直接面对主题选择、教学模式、学习方式三个方面的挑战。

1. 主题选择的挑战

选择主题时，教师要先梳理好学段内、年级内的学科教材内容、熟悉掌握学科课标、了解其他学科相关内容的准备工作，再将目光聚焦到具有综合性、跨学科性、通识性和文化性的题目上来；确定主题时，教师要明确主题涉及的学科，每个学科课标要求是什么，能提供哪些证据资源进行支持；融合主题时，教师要重新设计课程目标、课程内容、课程实施、课程评价在内的课程教学方案。

2. 教学模式的挑战

教师应根据不同的主题和跨学科的程度判断并实施不同模式。按照不同的标准，跨学科主题教学有"集中式教学""联合式教学""整合式教学"和"项目式学习"等不同的教学模式。

3. 学习方式的挑战

教师在课堂教学中需要引导学生改变传统的被动、接受、单一为主的学习方式，自觉转型到"以学定教""以学论教"的自主、合作、探究为主的学习方式，要将"自主、合作、探究、质疑、反思、评价"的自主学习方式作为衡量跨学科主题教学成功的重要标志。

第四节　自主课程建设的课程样例

一、"双减"背景下的作业设计

减轻学生过重的课业负担，其中一项就是减轻学生的作业负担，这是"双减"工作中的重要一项，"减作业"＝"增质量"（作业设计和作业实施的质量）。作业是诊断分析教育教学目标是否达到的主要途径，其本质上是学生自主学习的过程。实际上作业应该被当作一种评价检测手段，其根本目的不在于评判学生的好坏，而在于判断学生达到目标的情况，从而反思课程目标制定的合理性，最终来改进课程建构、教学设计与教学行为。作业不仅是为了培养学生某一方面的能力，而且强调通过诊断学生的情况来改进教学方法。主要从以下三方面进行研究和推进。

1. 完善作业调控体系，落实"双减"中对作业时长的要求

作业是学校教育教学管理工作的重要环节，是课堂教学活动的必要补充。在课堂教学提质增效基础上，切实发挥好作业育人功能，布置科学合理有效的作业，帮助学生巩固知识、形成能力、培养习惯，帮助教师检测教学效果、精准分析学情、改进教学方法，促进学校完善教学管理、开展科学评价、提高教育质量。

学校履行作业管理主体责任，加强作业全过程管理，合理确定各学科作业比例结构，建立作业总量审核监管和质量定期评价制度。

教学处、年级、班级形成作业调控共同体；严格落实有课留作业，没课学科当天不留作业，作业量控制在 15 分钟内。

（1）平时（全员）：目标检测；

（2）平时（分层）：拓展训练；

（3）周末（自选）：动手实践活动。

教师每日填好作业在线文档，班主任汇总时长，年级主任进行监督，教学管理处进行全程管理。定期对班级作业进行校级公示。

2. 做好作业评价，促进作业质量提升

批改作业可以有不同的方式。激励性的语言和准确的点评是批改作业的重要原则。拓展性作业和项目制作业，可以用学生互评展示的方式来进行。一方面激励学生互相帮助、互相学习，另一方面为学生提供了深度学习的机会。

对于基础性作业，教师要仔细批改并加以鼓励。教师课上只需针对那些突出的问题进行集中讲解和纠正，而无须面面俱到。大部分学生已经掌握的内容无须反复讲评，个别困难学生可以安排课后辅导帮助他们进步（表10-22）。

表10-22　学生作业或测试中错误内容及原因记录

学生姓名	错误内容及原因	错误内容及原因	错误内容及原因
学生1			
学生2			
学生3			
学生4			
教学、讲评、辅导等改进思考			

教师在记录的时候，从便于操作的角度，建议做好以下几点：

（1）为学生建立电子档案

每一次可以着重记录3—5名学生情况，下一次再换其他学生记录，日积月累，逐步掌握学生的主要问题和不足。

（2）侧重于记录内容、学习方法、学习习惯等方面存在的问题

通过逐步建立学生个人问题案例，可以不断增强日常教学、作业和评价的有效性，增强个别化辅导的针对性，建立良好的师生关系。

（3）定期做问卷调查和座谈，反馈师生作业完成的情况

每月进行班级学生的问卷调查，了解各科作业学生完成情况。每两周由备课组组长对教师作业量、批改复批情况进行检查，并将检查结果反馈给教研组组长，再由其汇报给教学主任。干部听课时对班级作业进行抽查。

二、组织教师学习作业设计，精准提升作业质量

学校将作业设计作为校本教研重点，系统化选编、改编、创编符合学习

规律、体现素质教育导向的基础性作业。教师要提高自主设计作业能力，针对学生不同情况，精准设计作业，根据实际学情，精选作业内容，合理确定作业数量，作业难度不超过国家课程标准要求（图10-9）。

1. 针对性原则

课后作业是为教学目标服务的，作业的设计须符合课程标准所规定的教学要求，要围绕教材内容和学生基础，认真筛选，做到精选精练。

2. 差异性原则

教师在布置作业时要尊重学生的个体差异，根据教学内容和学生实际对不同层次的学生提出不同的要求，对学生提供差异性作业和选择性作业，激励学生去钻研和探究。利用选择性激发学生学习兴趣，同时开展融合、项目式及学科实践活动等长作业的布置。

3. 灵活性原则

作业的设计应将课本知识与学生实际生活相结合，要有利于促进学生积极思考，充分调动学生的智力活动，从不同方向去寻求最佳解题策略，培养综合其运用已有知识解决生活实际问题的能力。

4. 多样性原则

作业的设计要注意到题型的多样化和方式的多样化。既可以布置研究性作业、实践性作业或者动手型作业等，也可以布置长阶段的合作探究型作业。

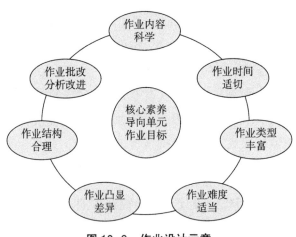

图10-9 作业设计示意

三、建构课程视域的作业观

课程视域更加强调从学习者的角度出发，关注"需要培养怎样的学习者""通过学习什么来达到这样的学习目标""如何判断学生学习到什么程度并进行反思调整"等基本问题。从课程的角度定义作业，主要是从目标到教学再到评价的完整系统（表10-23）。

表 10-23　现代课程视域作业观与传统教学视域作业观比较

项目	现代课程视域作业观	传统教学视域作业观
基本定位	● 作业是课程的一个环节 ● 强调与教学在目标上一致，在功能上互补 ● 强调作业对于课程目标的诊断作用和改进教学的功能，强调"课程目标—作业—教学—评价"之间的关系	● 作业是教学的一个环节 ● 强调是教学课后延续方式与途径 ● 强调教学目标的达成，强调"教学—作业"之间的关系
作业功能	● 不仅包括对课堂教学中知识与技能的巩固，而且包括教学无法达成、但是可能通过课外作业来完成的上位课程目标 ● 强调校内学习与校外学习一致性的同时，又具有适当的互补作用	● 主要用于巩固课堂教学的一些要求，以巩固课堂内学习的知识与技能为主 ● 强调校内学习与校外学习的一致性
作业目标	● 综合考虑课程目标要求和学生的学习情况进行设计和调整，关注作业目标的多维性和综合性，除了知识与技能外，还特别关注学习习惯、方法、能力以及实践创新、综合解决问题能力、道德等方面的目标	● 主要根据教学的内容与要求，尤其是有知识与技能要求的达成情况而定
作业内容	● 不仅包括学科知识技能的巩固，而且包括一些实践类、操作类、合作类、长周期性以及综合解决问题能力发展等为主的学习任务与活动，强调内容与教学紧密相关、有机互补	● 以学科识记性和理解性知识，以及部分技能的训练为主；作业主要是教学内容的巩固、延伸或拓展
作业形式	● 更强调作业形式多样，包括巩固性和诊断性、发展性相结合；个体性作业与合作性作业相结合；短作业与长作业相结合；口头作业、书面作业、实验、制作、设计、调查、社会实践、劳动、体育运动等作业类型相结合	● 作业形式相对单一，一般以书面作业为主，包括抄写、默写、计算、阅读分析、写作、订正等

续表

项目	现代课程视域作业观	传统教学视域作业观
完成方式	• 有些独立完成,有些合作完成,并且要求教师给予适当的指导;鼓励学生坚持完成长周期性的任务	• 强调独立完成,不强调合作;要求教师不辅导,学生自主完成
结构性	• 强调科学的作业目标体系,注重横向联系和纵向衔接,统整思考作业与教学的关系,整体设计各个课时、各个单元、各个年级或学段的学科校本作业体系;作业与教学相辅相成,共同促进课程目标整体实现	• 课时作业较多,作业的系统性、结构性往往依赖于教学是否具有系统性的设计
跨学科性	• 不仅强调学科知识、能力发展,而且关注恰当合理的跨学科知识与能力的整合应用	• 强调以学科性为主
结果应用	• 除强调作业结果对教学的诊断改进功能外,还强调其对课程目标和内容、作业目标和内容的诊断调节作用	• 将作业作为教学延续的手段,以诊断教学效果为主

四、现阶段作业设计的主要方法

教师在设计课后作业时,作业的内容和形式上可以有所变化,创设有利于学生发展的开放空间,激发学生的学习活力,充分考虑学生学习活动过程的多样性和多变性。作业中有些问题的解决不应拘泥于某一种特定的方法,可以在启发学生探索各种解法的学习过程中,引导其操作、发现、归纳,锻炼其多种能力。同时,教师也可以根据适当的题型,变换条件和结论,由一题变多题,引导学生将问题步步深化,克服思维定式,开拓思路,培养其发散式思维能力,提高其思维的敏捷性和解题的灵活性。[①]

五、基础性作业与拓展性作业相结合

基础性作业:这类作业紧贴教材内容,是对教材重点内容的巩固消化,要求每位学生都必须完成。这部分作业可以在学校内完成。对部分学习困难的学生,教师要给予辅导和帮助。

---

① 刘淑玲. 科学有效地安排高中数学作业 [J]. 考试周刊,2012(80):65.

拓展性作业：这类作业是对课内学习重点的巩固拓展。其可以项目式、合作式的方式完成。在教师的指导下，在学校和同学一起合作学习，完成大部分内容，回家继续完成后续的部分。这类作业可以分层次布置，以满足不同能力程度学生的学习需求。对于中高年级的学生，可以多布置这类作业，以提高他们的语言综合能力、思维能力和沟通合作能力。

基础性作业与拓展性作业的分布比例应该根据学生的年龄和教学难度进行实时调整，这里所谈到的比例只是一个相对值。最终要做到的是，总量控制，均衡发展，关注全体学生核心素养的培养和学习能力的获取。

六、设计单元作业，整合知识结构

单元作业设计是以单元为基本单位，依据单元作业目标，选择、重组、改编、完善和形成作业的过程。教师在进行文本分析后，以自然单元为单位进行作业重组。利用作业文本分析法，由教师对单元作业进行梳理，明确单元作业目标、学科内容、作业难度、作业类型和作业时长，发现单元作业中存在的问题（图 10-10）。

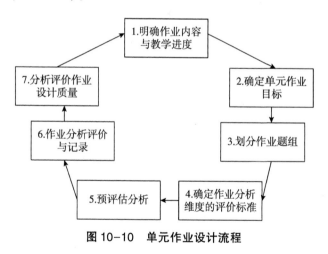

图 10-10　单元作业设计流程

语文组本学期完成主题单元作业设计，例如以"给名人设计资料卡"为主题，在实践活动中收集、筛选、整理材料，完成资料卡。

📚 **案例 语文单元作业——中国古典小说中有名的精彩章节**

（1）在《智取生辰纲》《范进中举》《三顾茅庐》《刘姥姥进大观园》四篇课文中任选一篇，将其改写成剧本，小组交流，并尝试进行表演。

（2）班上计划开展一期"水浒万点英雄泪，翻作千年澎湃潮"的读书交流活动，邀请每位同学介绍自己最喜欢的人物，结合他所经历的事件，写一个读书卡片。

姓名		
别名		人物画像
外貌		
典型语言		
典型动作		
性格精神		
相关事件		
点评		

七、前置性预习作业，培养学生的自主学习能力

前置性预习可以培养学生的自主学习能力，为正式课堂学习做准备，获得课堂主动权。教师对于学生预习要做好指导，不能"一刀切"。

数学组应先让学生认识预习的价值，再布置预习作业。通过查阅工具书，扫清字词障碍，对于书中设问解答，检验学生能否看懂，并反思预习效果。例如这个小节讲了什么知识，和之前学习的哪些知识相关联，例题还有没有其他解法等。教师应重视不同层次学生的认知差别，帮助学生完成在学习中学会学习的过程。

八、设计跨学科作业，有助于发挥课程育人功能

跨学科作业更加强调学生在实践中逐渐形成正确的价值观、问题解决能力、批判性思维能力、坚持性、责任心和人际交往能力等，以弥补传统基础性作业的不足。跨学科作业更加有助于发挥作业的课程育人功能，拓展学习

时空（图 10-11）。①

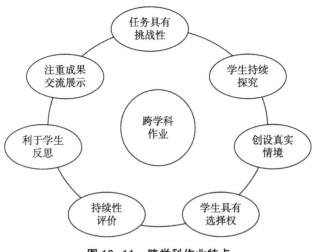

图 10-11 跨学科作业特点

📖 **案例 跨学科作业——"人生远足"项目学习公司招标会**

学校将组织初二年级的学生参加"人生远足"的社会实践活动，需要选择合适的策划服务公司。请同学们自行组合成立公司，策划实践活动课程，参加公开招标活动。

为完成此项工作，你们需要完成以下四方面的任务：

（1）选择公司成员，并安排公司各个职务，明确岗位职责；

（2）设计问卷，对同学们进行问卷调查，提取信息；

（3）选择合适的实践地点，并策划相应的实践课程；

（4）做好形成预算，给出合理价格，做好投标书。投标书的内容主要包括：实践活动地点、行程安排、食宿安排、实践课程、行程报价、设计优势等。

---

① 冯剑辉，汪多维，谢沂. 指向核心素养的跨学科单元作业设计与实施——以初中语文古诗文单元为例 [J]. 语文月刊，2024（04）：17-20.

九、布置差异性弹性作业，少而精的非书面作业

弹性作业可以更好地做到因材施教，满足不同类型学生的学习需求。例如，生物组以植物栽培大赛为抓手，各班学生自愿组成小组进行植物栽培。学生每日进行育苗，记录植物成长过程，通过查阅资料获得植物生长的相关知识，并将其应用到自己的栽培工作中，分阶段进行小组汇报，教师进行指导。种植结束后，还进行了食育的学习，撰写研究报告。

十、引导学生自我评价，利用评价量表自主改进

教师研制一些简单有效的自我评价反思量表（表 10-24），供学生在自主完成作业的过程中进行评价与反思。

表 10-24　自我评价反思量表（学生）

维度	建议反思内容
目标判断	这些作业的目标我都清楚了吗？ 我读懂每一项作业的要求了吗？ 哪些作业目标已经掌握了？哪些需要我继续巩固？ 我选择完成哪些作业？我想自主增加哪些作业？
过程监控	我是否在复习学过内容的基础上开始写作业？ 完成作业的过程中，是否认真审题，理解了每一个要求？ 是否运用了有效的策略与方法？
结果反思	在完成相应作业的过程中，有什么问题需要进一步思考？ 是否有什么方法可以让作业更加有效？

第十一章 学校课程建设的支持系统

一、课程建设组织机构

学校组建了课程建设组织机构，明确了人员及其责任，整体统筹学校的课程建设工作（表11-1）。

表 11-1 课程保障组织结构

课程实施组织单位	组成	职责
课程实施领导小组	校务会成员	决定重大事项 审议决定自主课程开发项目
课程专家指导组	市、区学科带头人、各级骨干教师	提供咨询、意见、建议
课程实施督查组	教学管理处成员	监督课程实施的进展情况，负责课程教材建设、教师培训、教学指导、监控与评价，承担自主课程的日常管理工作
课程实施工作小组	教研组长、年级组长	负责组织课程教材建设、教学

二、课程实施管理制度

课程实施管理制度是学校内一系列课程开发和实施的标准与保障，它能够规范学校内开展的各项课程活动，同时也规范着教师教学工作的开展方式。在当前"双减"背景下，学校课程制度需要更为精细化的闭环管理进行规范操作，且需要学校基于本校内的资源情况进行课程的制定与安排，从而更好地服务于学生，发展学校特色（图11-1）。

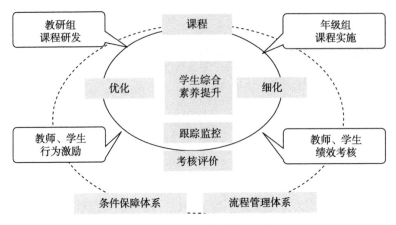

图 11-1　学校课程管理结构

三、课程保障制度

为保障学校的课程建设质量，推动课程方案落地，学校构建了完善的保障制度（图 11-2）。

1. 发挥地域优势，寻求发展助力

经纶团分地处 CBD 核心区域，紧邻中央电视台和人民日报社。学校坚持每年有计划地提供机会让教师参与培训和学习活动，为学校课程开发、实施和评价提供智力支持与专业咨询，确保学校课程建设的规范性、科学性。除此之外，学校还积极发动学生家长、社区等社会力量，定期组织座谈会，邀请多方为学校课程建设献策献力，共创自主课程。

2. 保障校内外、线上线下资源供给

打破思维定式，建立整体供给的大资源观：一方面广挖社会资源，将其引入校园，融入课程建设的整体框架中；另一方面深挖家长资源，充分调动家长的积极性，不断融合家校共育的理念。以大教育资源观集成各方资源并使其为学校所用，深挖资源育人价值，让资源成为突出困境的"钥匙"。[①] 按照核心素养的维度，教师积极搭建线上线下学习平台，为学生和家长提供自

---

① 王欢. 打开学习空间，赋能学生成长——"双减"背景下的史家方案［J］. 北京教育（普教版），2022（02）：70-74.

主选择空间，丰富课程学习的资源。

3. 加强师资建设，提升队伍保障

打造一支师德高品位、专业高学识、能力多方位、科研高水平、工作高成果，具有较强的课程研究意识与课程实践能力的教师队伍，是学校课程建设、课程品质提升和课程育人效果的重要保障。因此，学校始终坚持加强教研组建设，通过教研组成员的共同努力、协同发展，研究解决课程实施中的问题。对于开发、实践自主课堂的教师，学校提供各类专家的指导和平台推荐。在各类评优中，对这部分教师给予加分倾斜，以鼓励和支持他们在教育改革中的创新和实践。

图 11-2　课程保障制度结构

四、整合资源，用好"互联网+"，逐步实现校园的信息化

智慧校园与学生日常培养管理模式探究：在初高中部引进电子书包、校园无线网开放、学校信息化管理的基础上，积极探索学生管理的智能化，提高学生评价的及时性、准确性、个性化和科学化管理水平。

智慧校园与学生自主学习研究：把智慧校园的建设与培养学生自主学习能力有机地结合起来，让科技和理念、习惯等基本能力培养更好地结合起来，提高工作效率。

信息化、智慧校园与高效课堂：把信息化、智慧校园建设落实到课堂上，利用高科技的技术与理念，改革课堂教学，积极应对课程改革、中高考改革等挑战。

第六部分

课堂教学篇

第十二章　新课程改革下的课堂认识

第一节　课堂：学校教育的主阵地

学校推进高效课堂建设的设想与落实要点包括：

1. 教师在做中学

管理干部只有把要求想清楚、说明白，教师才有可能把工作做好；管理要有标准，凡事都要有说法。

管理的关键是要有具体举措，改革要靠管理推进。普通教师应在适应管理的过程中提高——做中学。

2. 狠抓课堂教学质量管理

我们可以将教学质量管理的方面与过程形容为"211 工程"：

（1）两个主体：教师与学生；教师主要研究教师的教与学生的学，提高各自的能力。

（2）一个时间轴：课堂/天/周/月/期中/学期/学年/学段；常规管理就是在规定的时间内做规定的事。

（3）一个主阵地：课堂！最终各种要求都要归结到这个点上。

从文化课学习和教师的讲授角度看管理，大部分教师课堂的规范性是基础和根本保障，规范性主要体现在课堂的完整性方面：课堂教学目标具体、可检测；完成授课时教学目标的实现程度高。（教学目标、课堂检测、讲练结合）

教师上课的个性化问题是超越一般规范的，是发挥教师个人能力特点的，这类教师需要的是服务，对这类教师的管理就是服务。（自主学习、课前预习、学科阅读、小组合作、数字化技术）

第二节 新课程下的课堂时空变革

学校的课堂建设要坚持自信自主，知行合一，培养学生生活与学习自主化。

初步建立课程体系：初高中要结合学校实际，总结学校经验和已取得的成果，在专家的指导下，认真听取一线教师的意见和建议，初步建立学校初高中的课程体系，以便更好地指导实践与探索创新。

校本精品课程：本学年初高中要进一步精细化管理校本课程，不断打磨比较成熟的校本课程，形成独具特色的校本精品课程。

选考走班管理模式：初高中都面临着学生选考问题，由此带来的走班上课也是新鲜事物，教学管理要跟得上，积极探索新形势下的管理，并进而形成基本管理模式，更好地服务师生。

学生选考评价办法：用职业生涯教育，结合学生基本学业特点和兴趣爱好，指导其选科选考。

第三节 新理念下的课堂改革模式

一、教师队伍建设

学校要坚持梯队发展，多措并举，促进各类教师的个性化发展；明确教师培养目标，形成培养基本模式，初步构建梯队格局，确保名师推介活动的成效。具体做法如下：

（1）专家指导：专人指导、专项指导、专题指导等；

（2）科研引导：各级课题，尤其校级课题培养锻炼；

（3）目标督导：明确每一位教师应该达到的基本目标；

（4）任务锻炼：搭平台、压担子，大胆使用年轻人；

（5）外出培训学习：走出去开阔眼界，激发自信心与上进心；

（6）师徒制：自由结合，责任明确，以奖代酬；

（7）教师社团：以课题、任务、拓展活动、自由活动为载体的教师团队；

（8）青协会：聘请1—2名专家，专门指导青年教师做研究和学习等；

（9）年级组、教研组教师培养计划：各年级组、教研组要根据年级任务和学科，以及人员结构特点，明确提出自己的培养计划名单和目标。

二、坚持立德树人，全面发展，提高德育工作的实效化

完善团结湖分校学生培养目标。以培养自信、健康、向上的现代中学生为学校特色目标，为进一步提升学生核心素养打下坚实的基础。

（1）加强德育教育，研究初高中学生成长、成人的基本规律，结合《中学生日常行为规范》等要求，制定学校简明的行为规范，学生行为要体现在日常，内化在精神层面，实现做人有自信，做事懂自主；

（2）与学科教师结合，研究课堂德育的实践途径，积累经验、案例；

（3）开展丰富多彩的活动，引导学生体验和感悟、顿悟，明事理，长志气；

（4）用好年级长、班主任、优秀学生，培养出一支精干的队伍，并发挥好优秀学生团队的示范引领作用。

第十三章　新课程改革下的自主学习

第一节　自主学习的概念内涵

确定自主学习的概念，首先需要厘清自主的内涵。自主不仅是一种学习态度，更是一种生活态度。

自主学习是一种学习能力和选择能力。其是学习者的态度、能力和学习策略等因素综合而成的一种主导学习的内在机制，即学习者指导和控制自己的学习能力。自主学习是指学习者对自己的学习目标、学习内容、学习方法以及使用学习材料的控制权，即指学习者在以上这些方面的自由选择程度。自主学习是一种学习模式，学习者在总体教学目标的宏观调控和教师的指导下，根据自身的条件和需要制定并完成具体学习目标的模式。[①]

第二节　自信教育是自主学习的永恒动力

一、自信教育的主要内容

自信心的构成要素与辅助要素是自信教育的主要内容。自信心从横向上分为目标、认知、选择、真实、评价和意志。[②] 因此，与之相对应的内容就是

---

① 张俊. 探析学生自主学习 [J]. 考试（教研），2011（01）：97.
② 周跃南. 探索素质教育规律　创建自信教育模式 [J]. 上海师范大学学报（教育版），2000，29（03）：51-55.

目标教育、理想教育、需求教育、情感教育、责任教育和挫折教育。同时，学生自主学习、自主管理，培养学生的终身学习习惯是自信教育的辅助内容。[①] 首先，树立良好的自信心为基本理念。要引导学生始终相信自己，面对困难或挫折都能悦纳自己，相信自我、战胜自我、表现自我。其次，自主学习与自主管理为主要内容。教师实施自信教育是学校扎根实施自信教育的根本。关键在于通过教师正确运用培养学生良好的学习习惯、激发其学习兴趣、引发思考等三大法宝，尤其是不断教授学生学习方法，并通过一系列的课堂教学和班级管理等实践活动，有效地树立学生的自信。最后，情感教育与理想教育不可或缺。早在 20 世纪 30 年代，鲁迅先生就发出"中国人失掉自信力了吗"的感慨，其在 21 世纪的今天仍然有着重大意义。作为教育工作者、人类灵魂的工程师，不断增强学生的自信心，自然是责无旁贷。

二、自信教育的实施路径

实现自信教育，培养自信少年，环境是前提、课程是关键、教学是载体、科研是支撑、教师是主导、学生是主体。

1. 自信教育奠基于学生自主学习策略

从学校层面来看，如何从顶层设计的角度坚持"自信教育理念下促进学生自主学习"的策略，需要高位思考、高位把握。

（1）构建多元课程群。学校可以根据学生的兴趣和个性发展需要，为其提供不同的课程菜单，从而促进其成长，使其在发展自身兴趣和特长的过程中增强自信。

（2）创设丰富的社团活动。每一位学生需要不同的发展方向和发展模式，因此学校除了需要在学科教学上下功夫之外，还需要为学生提供丰富的社团活动，发挥集体活动、合作学习的优势，让学生在此过程中发现自己的优点和长处。在教师的帮助下，学生在活动中增强了自主学习、自主管理的能力。

（3）加强课堂教学改革。通过构建多元化的课堂空间，促进自信教育的落地，提高学生的自主学习能力，加强师生之间的良性互动，使每个学生都

---

① 周跃南. 探索素质教育规律　创建自信教育模式［J］. 上海师范大学学报（教育版），2000，29（03）：51-55.

有自己的思维空间、活动空间、迁移空间，每个学生都能在自己擅长的领域得到充分的肯定。坚持六大原则促进学生学会自主学习、自主管理，养成终身学习的习惯。第一，坚持问题助推原则，即以问题引发学生思考，启动思维。第二，质疑助推原则，即将学生思维引向纵深，促进思维发展与提升。第三，评价助推原则，即去伪存真，明确思维方向，形成学习观点。第四，工具助推原则，即为学生提供载体、支架或资源。第五，技术助推原则，即为学生提高认知、发展思维和形成能力提供辅助。第六，情感助推原则，即让课堂和学习有温度。温度所有要素，润滑所有环节。

（4）利用信息技术改善校园环境。开放的环境、自主的空间、先进的设备、前沿的领域都是实施自信教育的强有力保障。近几年来，学校进行整体改造和全面的装备更新。所有教室均配有大屏一体机等多媒体教学设备，重要场所配备 LED、IPAD 等最新的信息化设备。学校实现了千兆有线、Wi-Fi双通道网络的全面覆盖，配备了 30 多间先进的功能教室。学校致力于构建基于交互式电视、Wi-Fi、云技术、物联网技术、3D 技术、移动终端、3G-4G技术、智能机器人、无人机技术组成的开放式信息化环境，实现由数字化校园向智慧校园转型。

（5）培养一支专业能力强、充满自信的教师队伍。

①提升年轻教师的专业能力。在具体实施方面包括：一是校内帮扶。组织骨干教师在全校上引领课，带动各学科年轻教师的发展。二是校外展示。开展校际联动，为教师搭建新的上课平台，为其提供展示自我的机会。与此同时，加快对新教师的培训。可以通过以老带新、增加教学展示和培训等多种途径，促进新教师的成长，使其在成长的过程中进一步获得自信心。[1]

②提升整体教师团队的能力。通过日常加强教师的专业学习，促进教师之间的合作交流以及培养教师全方位发展。通过骨干引领和校际联动，树立教师的自信。通过学科间的交流、年级组间的交流、校际联动，促使教师找回自信，不断挖掘自身的潜能，提升自我。

---

① 李晓霞. 浅谈自信教育理念的实施 [J]. 吉林省教育学院学报（下旬），2013，29（01）：100-102.

③强化家校合作。除学校是促进和引导学生自主学习的重要阵地之外，家庭也是一个十分重要的阵地。父母是孩子的第一任老师，学校也要引导父母在日常生活之中对学生进行自主学习的培养。坚定家校合作理念，并制订具体的实施方案。同时，还要建立家校联系机制。引导家长每周将学生在家的表现和意见反馈给班主任。只有重视家校共育，才能让家长不在学生的发展中缺位。

2. 自信教育立足于教师公平对待策略

从教师角度来看，其处于实施自信教育第一线，因此其行为对于学生自信心的获得具有重要的价值。

（1）给予学生积极反馈。教师积极评价每一位学生，能让学生感受到自己在班级中是被重视的个体。当学生无论成绩优劣、性格差异都能得到教师同等的关注与鼓励时，他们会更有勇气去尝试新事物，挖掘自身的潜力。教师可以在课堂上多关注学生的表现，当学生有良好的行为或回答问题正确时，及时给予具体的表扬和鼓励。比如，"你今天上课发言很积极，观点也很独特，非常棒！"课后，对于学生的作业完成情况也可以写下积极的评语。通过这种方式，让学生感受到自己的努力和能力被认可，从而逐渐建立自信心。

（2）帮助学生设置合理目标。教师根据学生的实际情况，为其设置合理的学习和成长目标。目标不能过高让学生望而生畏，也不能过低没有挑战性。当学生完成一个小目标时，给予肯定和奖励。例如，对于学习有困难的学生，先设定一周内背诵三首古诗的目标，完成后进行小奖励。这样学生在不断实现目标的过程中，体验到成功的喜悦，自信心也会随之增强。

（3）关注学困生的发展。在日常的教学过程中尤其需要重视对学困生的自信教育，其不仅是教育教学的重点和难点，也是衡量老师能力和素质的试金石与标尺。因此，教师应帮助学困生重新找回自信，战胜自己生活和学习中的怯弱，以高昂的斗志和饱满的热情投入学习和生活。

3. 自信教育源自学生身心修德策略

（1）以自信教育培养学生良好人格。教师要用发展的眼光看待学生，发现每一位学生的闪光点。坚持以评促学、以评促发展的理念，理解和尊重学生的个性化需求，善于发现学生的优势，客观公正、及时准确地评价个体行为。教师的正向反馈与积极肯定是大学生消除自卑、树立自信、形成健全人格的关键所在。

（2）以自信教育营造良好班风。环境改变人，氛围塑造人，教师与学生共同合作，共同打造模范班集体。良好的班集体不仅为学生创设了一个良好的学习与成长环境，也营造了良好班风与班级氛围。教育的最终目的和使命不在于知识的传授，而在于开发了学生的潜力，让学生发现自身的优势，进而通过引导与指导，让学生扬起自信的风帆，把自己的人生变得更精彩，而这一切都离不开自信教育。

三、学校自主学习模式探索

（一）学校推进自主学习研究背景

1. 学校高质量发展是推进自主学习研究的原动力

经纶团分是朝阳区一所完全中学，学生主要来自区内城市普通家庭，学生家长受过完整高等教育的比例不到20%，学生的家庭教育正向作用不突出，主要在学生学习习惯养成、学习主动性、意志品质等方面存在较多问题。从学段来看，高中部录取学生位次较低，去年统招录取到7000多位，属于区内三组校；初中部学生全区统一派位录取，大多为普通生。

在课堂教学方面，"满堂灌"问题严重制约着学校的办学品质。十年前，原来的老团三经过多轮整合，教师的教学能力参差不齐。学校超过70%的教师在课堂教学中以单向式知识传授为目的，来调动学生学习的积极性，教学"满堂灌"的问题比较突出。学校经调研发现，教师讲课时间占本节课2/3的教师达到78%，只关注学科知识教授的教师达到85%。教师的育人理念陈旧，缺少有效提高学生学习主动性的教学方法。

2. "四新"发展背景是推进自主学习研究的客观要求

2020年6月和2022年4月，教育部分别印发了高中和初中新课程方案及新课程标准。新方案与新课标的确立，标志着课程改革进入深度实施阶段，其重点是推进课堂教学方式的进一步变革，进而落实新课程方案，培育学生的核心素养。新课程改革提出了自主、合作、探究的新型学习方法，力图改变单一讲授的模式，构建教和学并重的方法体系。从育人的角度来看，课堂教学不仅包括教师教的方法，还包括学生学的方法，而且教师的教要以学生的学为基础。因此，处于新课程、新课标、新教材、新高考"四新"发展背景下的基础教育，需要进一步推进课堂教与学方式变革，这也进一步为团分开展"自主学习"课堂教学研究指明了方向。

（二）学校推进自主学习研究实践历程

在办学基础和教育综合改革的背景下，团分为了提升育人质量，多年来始终在探索一条符合校情的内涵式发展之路。从 2014 年起，学校就启动了"以学生为中心的课堂教学模式"研究，实施了提高学生学习主动性的"四有"教学策略。

针对课堂教学中存在的主要问题，从 2016 年 9 月起，学校开展"活力课堂"全员教师赛课活动，由学科专家、教学干部、学科教师组成评审小组，运用课堂教学评价量表进行测评，推进课堂改革落地。活力课堂通过创设学习活动引导学生主动学习、思考，在启发、质疑中引导学生深度思维，做到听、看、记、思有机结合，提高学生学习的主体意识，激发学生学习的主动性。我们采取"慢节奏、小步伐"的方式，以提高课堂教学"活力"为目的，在学科教学中逐步实践探索。

2019 年 4 月，学校加入经纶集团以后，面临着对标经纶质量标准、培育校区特色的重要发展转型，此后，学校的自主学习研究步入快速发展通道。2019—2020 学年，学校邀请华东师范大学庞维国教授对全校教师开展了系统的自主学习理论培训，为自主学习研究奠定了理论基础；通过梳理学校办学传统，对学校的培养目标、办学定位、育人理念、课程结构、教学方式等进行了优化整合，在此基础上，明确提出了"自主课堂"教学理念，并系统地提出"三原则、四抓手、五促进"的课堂教学策略。

2020—2021 学年，在专家的指导下，系统梳理了全校师生的自主学习基础和发展需求，完成了自主学习发展报告，厘清了推进研究的现实基础和发展愿景，强化了自主课堂的可操作性，形成了优化完善的"六学"自主课堂样态。团分完成了"自主课堂"教与学方式的系统建设，科学梳理了"自主课堂"概念，建构了"自主课堂"模型，细化了"自主课堂"结构图和设计指南，制定了"自主课堂"评价量表，实现了课堂教学从讲授法为主的传统教学，走向新型的自主、合作、探究的学习方式。

2021—2022学年，在专家的指导下，学校优化了具有校区特色的自主课程方案，并在此基础上开始建设"自主课程"体系。对初高中两个学段的课程进行了结构化、一体化建设，将课程按照育人功能进行划分，形成了"基础、拓展、自主"三级课程体系，为教学改革提供了课程保障。2022年3月，学校承办了主题为"自信教育理念下学校自主课程的探索与实践"北京市课程整体育人交流研讨会，总结了普通学校课程整体育人模式。

自2022年9月起，为让自主课堂更具操作性和可推广性，学校在实践中对自主课堂模式进行了滚动式优化和完善。在"六学"自主课堂基本模式的基础上，针对不同学科和不同课型开发了变式设计，使自主课堂模式更加优化和个性，更能凸显教学模式的灵活性和多样性，系统地开发了课堂教学的策略和学习工具。本阶段，"自主课堂"研究成果先后在朝阳区和北京市进行了多次经验交流和示范展示。2023年3月，在北京市教科院基础教育教学研究中心主办的北京市基础教育教学改革研讨会上，我校在全市范围内对"自主课堂"模式进行了成果分享。2024年4月，在北京市核心素养导向的自主学习教学方式改革研讨会上，经纶团分整体介绍了开展"自主课堂"研究的成果。

从2024年9月起，经纶团分将发起成立跨区域"自主课堂"实践研究共同体，在更多的基础教育学校开展成果推广应用。

经纶团分近十年来持续推进自主学习研究，先后开展了理论学习与校情调研、课程优化与学科实践、教法研究与学法探索等实践研究，最终凝聚全校师生共识，形成了具有团分特色的"自主课堂"教与学方式。

（三）学校推进"自主课堂"教学模式构建

1. "自主课堂"研究目标

经纶团分以先进的教育理念为引领，坚持以学生为中心，回归学校课堂教育主阵地，教师由传统的知识传授者转变为学生学习的组织者、参与者、指导者和促进者。在教学中构建合理的自主课堂教学模式，真正实现课堂教学的高质量和高效率，学生自主学习能力逐步形成和提高。借助信息技术的优势，与课堂深度融合，实现传统教学方式与现代教学方式的融合、线上与线下学习方式的融合、过程评价与结果评价的融合。

2. "自主课堂"教学方式改革

经纶团分的自主学习研究，始于学生的全面发展需求，以初高中新课程方案和新课程标准为引领，经过"自主课程"体系的顶层设计，在"自主课堂"的教与学过程中落实。

自主课堂的结构包括"导学、自学、研学、评学"四个主要环节；"导学"既是学习的起始环节，也是各个环节的基础，环节之间具有内在联系，双向互动，呈现动态变化；每个环节与其他环节相互关联，四个环节是一个有机体。"自主课堂"结构图表现为三条既相互独立又有密切关系的主线：中间的主线就是自主课堂的主要环节，在"导学、自学、研学、评学"四个环节的基础上，又增加了课前的"预学"和课后的"延学"，由此，形成为一个打通课内和课外，连接每一节课的螺旋式上升的自主学习过程。主线上面的结构呈现的是教师的教，主线下面的结构显示的是学生的学习目标，三线结合形成为"自主课堂"的整体。为便于在教学实践中更好地应用，我们设计了"自主课堂"操作指南和评价量表。当然，我们的"自主课堂"体系还有诸多需要完善之处，需要在长期的教育教学实践中，不断优化创新，力争发挥出更多的育人优势。

（四）学校推进自主学习改革实效

经纶团分基于办学实践梳理建构的"自主课堂"教与学方式，已经在初高中两个学段九个学科中全面推进实践，并初步取得了实施效果。

一是建设了一体化课程体系，形成了普通学校课程整体育人模式，为朝阳区普通学校发展积累了成功的实践经验。

二是推动了教师专业发展。近年来学校先后培养了正高级、特级教师李云会、全国"五一劳动奖章"获得者东雪婷等优秀教师，学校的办学质量近年来显著提升。

三是培育了众多优秀学生。学校多年荣获朝阳区中高考优秀奖，学生平进高出，涌现出了何一帆、刘星彤等首都"新时代好少年"，也培养出了考入重点高校的优秀学生。

2023 年 12 月，经纶团分申报的教学成果"让每个孩子拥有成长的自信：普通中学自主课堂创新实践"，荣获 2023 年第十九届朝阳区教育教学成果年度奖。

第七部分

跨学科主题篇

第十四章　跨学科主题学习活动的研究价值

第一节　跨学科主题学习活动的时代背景

一、时代背景

（一）坚持以课程改革纲要为依据

2001 年 6 月，教育部颁布的《基础教育课程改革纲要（试行）》（以下简称《纲要》）规定，我国初中阶段设置分科与综合相结合的课程，普通高中阶段的课程设置方式以分科课程为主。《纲要》第三条明确规定：设置义务教育课程应该体现义务教育的基本性质，遵循学生身心发展规律，适应社会进步、经济发展和科学技术发展的要求，为学生的全面发展和终身发展奠定基础。

强调课程结构的综合性是针对过分强调学科本位、科目过多和缺乏整合的现状而提出的。它体现在以下三个方面。

1. 加强学科的综合性

就一门学科而言，注重联系学生经验和生活实际；就不同学科而言，提倡和追求彼此关联，相互补充。新课程结构重视了学科知识、社会生活和学生经验的整合，加强了学科之间的相互渗透，从而改变了现行课程过分强调学科本位的现象。

2. 设置综合课程

设置综合课程是课程结构综合性的集中体现。综合实践活动课程注重转变学生那种单一地以知识传授为基本方式、以知识结果的获得为直接目的的学习活动，强调多样化的实践性学习，如探究、调查、访问、考察、操作、服务、劳动实践和技术实践等。

3. 增设综合实践活动

综合实践活动是一种跨学科、跨领域的综合性课程。从本质上讲，其是基于学习者的直接经验，密切联系学生自身生活和社会生活，体现对知识的综合运用的实践性课程。综合实践活动课程的起点是学生而不是教师，学生从自身经验中形成问题，从经验中去获得解决问题的途径与方法。其内容主要包括：信息技术教育、研究性学习、社区服务与社会实践以及劳动和技术教育等。

各学科都注重与社会生活的联系，努力面向并服务于生活实际，从而使课程内容与社会生活实践形成互动的关系；各学科都力求与相关学科相互融合，使课程内容跨越学科的鸿沟，最大限度地体现知识的传统分科课程有显著区别。

(二) 坚持以学生为本的教育理念

2004年2月中共中央、国务院印发的《关于进一步加强和改进未成年人思想道德建设的若干意见》中明确提出：坚持以人为本，教育和引导未成年人树立中国特色社会主义的理想信念和正确的世界观、人生观、价值观等。

以学生为本是以人为本的教育延展。以人为本的思想观贯彻在教育活动中，就是以学生为本，因为教育活动中的主体是学生，学生是独立的个体。以人为本作为教育活动的一种学生观，也可以从三个维度去理解，首先坚持以人为本，必须面向全体学生；其次坚持以人为本，必须以学生作为教育活动的出发点；最后坚持以人为本，必须以促进学生全面发展为目标。

教育要遵循青少年的发展规律。学校教育要充分发挥自身的主导作用，促进青少年身心健康发展，遵循其发展规律。青少年的身心发展既具有顺序性，又具有阶段性。这就要求教育工作既要注重顺序性，同时也要区别对待"年龄特征"。青少年的身心发展既具有连续性，又具有发展的不均衡性。这就要求教育方法和教育内容既要循序渐进与积极促进，又要把握最佳教育时机。青少年的身心发展既具有稳定性，又具有可变性。这就要求教育既要掌握青少年身心发展每个阶段较稳定的共同特征，又要把灵活多样的教育与传统教育更好地结合起来。青少年的身心发展既具有共同性，又具有个别差异。这就要求教育既要面向全体学生，又要因材施教。

（三）面对充满高度不确定性的真实世界，教育需要培养解决真实问题能力的人才

当今世界正经历百年未有之大变局，社会和经济不断发展，现实生活不断地向我们提出新的问题。传统的教育体制、结构、教学方法、课程设置等，都以传统的科学和专业为准绳，培养的人才既难以适应其专业之外的工作和其他方面的需求，同时也缺乏综合性思维方法和利用其他学科知识的能力。随着科学技术迅猛发展、社会急剧变革、经济产业结构不断升级，人类必须不断地应对由此带来的各种挑战，并认识和解决复杂的新问题。面对复杂的、盘根错节的问题，必须依靠跨学科、多学科，尤其是综合了自然科学和社会科学的知识与技能去解决。结果必然是对跨学科研究的需要越来越多，对学生跨学科综合能力的要求越来越高。[1]

跨学科研究的动力之一是解决实际问题。跨学科，学界也称其为"交叉学科"。其是指两门或两门以上不同学科之间紧密和明显的相互作用。著名学者钱学森曾指出，所谓交叉科学是指自然科学和社会科学相互交叉地带生长出来的一系列新生学科。由此可见，跨学科研究是一种多学科之间相互作用、相互补充的合作研究，是打破学科界限进行的研究活动。而学科课程则是整合两门或两门以上学科的观念与方法，以解决真实问题为抓手，进而催生跨学科思维的一种课程范式。从"目的—手段"维度看，跨学科课程以获得跨学科思维为目的，以跨学科观念和方法为手段，以解决真实问题为中介。它既是一种以跨学科思维为取向的课程理念，又是一种综合探究性质的课程形态。[2]

虽然跨学科课程教学发展多年，但是我们依然面临一些问题，如教学过程中知识目标虚化、教学资源匮乏、教学效果如何评价等。早期的校本课程

---

① 项蓓丽. 跨学科研究：研究生教育亟待解决的问题 [J]. 广西大学学报（哲学社会科学版），2003（01）：95-98.

② 杨四耕. 跨学科课程：课程变革的时代走向 [N]. 中国教师报，2021-01-13 (6).

或者跨学科实践活动多被视为"一次性"活动，将校本课程开发局限为编写一两本教材；校本课程往往被认为是教师开设一门课程或编写一份教案；随着教师离职，这门课程也随之结束，严重影响了课程建设的实效。随着课程改革的不断深入，我们把校本课程建设与办学特色、培养目标进行整合，将其纳入学校发展规划，形成制度化建设。

(四) 北京市中高考的命题考查指向育人本质

北京市中高考命题全面体现党的教育方针，落实立德树人根本任务，从适应首都城市战略定位对多样化高素质人才的需求出发，突出问题导向，坚持正确育人导向，促进学生健康成长。

重视发挥考试的育人功能，在考试内容中融入社会主义核心价值观和中华优秀传统文化及北京特色；注重考查学生九年义务教育学习的积累；注重考查学生基础知识、基本技能、基本思想和基本能力；注重考查学生独立思考、运用所学知识分析和解决问题的能力。体现学科特点，重视学科素养和思维方法的培养，有利于激发学生的学习兴趣和潜能，培养德智体美劳全面发展的社会主义建设者和接班人。

经纶团分地处 CBD 核心区域，京籍学生占新生比例达 70% 以上，其中有三分之一的学生学习习惯和知识基础较好，有较强的学习动力、能力和目标，但还有三分之二的学生各方面都相对较弱，遇到新情境的问题无法独立解决。在日常的学习和生活中，可以发现学生缺乏综合能力，从而导致自信心不足，对成功没有期待，没有目标和规划。基于学情的分析，确定学校的育人方向，培养学生的自主学习能力，成就自信教育。在当今社会发展中，人类不断面临各种前所未有的，具有综合性和跨学科性的问题。解决这类问题，必须从不同方面，采用多种方法进行研究。为此，学校通过跨学科课程的开发与实施，为学生创设真实问题情境，提升其解决实际问题的能力，从普及到进阶，结合学生的发展、体验，寻找其个性化发展路径，使其成为能够适应社会发展，并能为社会作出自己贡献的具有综合能力的复合型人才。

第二节　跨学科主题课程的类型研究

在当今教育领域，跨学科主题课程正逐渐成为推动教学创新与学生全面发展的重要力量。跨学科主题课程打破了传统学科界限，将不同学科的知识、方法和思维方式有机结合，为学生提供了更广阔的学习视野和更丰富的学习体验。它不仅有助于培养学生的综合素养、创新能力和问题解决能力，还能更好地适应快速变化的社会和未来职业的挑战。经过 12 年实践探索，学校初步总结出"联结　问题"跨学科育人方式。以"联结"作为学科协同育人价值观，坚持"问题"导向，建设了跨学科育人体系，开发了支持学生跨学科学习的工具，有效地提升了学生基于问题解决、综合学习的内在动力和学习效果，促进学生全面发展。

一、学校育人目标及释义

学校对接国家教育方针，融合核心素养内涵，整合学校发展定位，在"自信教育　自主学习"的理念引领下，形成了学校的育人目标：培养有底蕴、有责任；会学习、会健体；能审美、能创新的自信、健康、向上的现代中学生。(以下简称"两有""两会""两能")

"两有"对应"中国学生发展核心素养"中的"人文底蕴"和"责任担当"。学生有底蕴，积淀深厚，饱含人文修养，能自尊、自爱、自强；有责任，能对家庭、集体、社会承担应尽的责任，从小树立为建设祖国、为实现民族复兴、为促进人类发展贡献力量和智慧的信仰。

"两会"对应"中国学生发展核心素养"中的"学会学习"和"健康生活"。学生会健体，有健康的体魄、健康的心理和完善的人格；会学习，能够乐于学习、勤于学习、善于学习，具备自主学习的能力。

"两能"对应"中国学生发展核心素养"中的"科学精神"和"实践创新"。学生能审美，能够认识美、欣赏美、创造美；能探究、能创新，具有创新思维、具有合作意识和能力，能够解决问题，并将创意物化。

二、跨学科课程总目标及具体阐述

不同类型的课程目标各有其侧重点，共同支撑着学校育人目标的实现。跨学科课程是学校育人目标实现的载体之一，对焦学科课程无法有效实现学校育人目标，做好跨学科课程的构建，将学校育人目标转化为跨学科课程目标。

目前学科课程在"会学习""会健体""能审美"等维度落实度比较高，而"有底蕴""有责任""能创新"的落实度比较低。这表明目前学科课程与育人目标之间还有不匹配的地方，部分育人目标缺少相应的课程支持。

学校设计跨学科课程，旨在实现育人目标均衡化落地。跨学科课程的总目标为：培养具有人文底蕴、创新意识，能够积极参与社会实践活动，寻求自主发展的现代中学生（表 14-1）。

表 14-1　跨学科课程目标

维度	目标描述	实现自主发展
人文底蕴	通过学习、理解，运用人文领域知识和技能等方面所形成的基本能力、情感态度和价值取向。培养学生具有豁达的心智，纯净的情感，经得起磨砺的意志。	"以人为本"，强调培养学生的主动性和独立性，让学生变成真正的学习主体，主动参与、主动探索、主动思考，增强自主意识，从而促进学生个体的主动发展。
创新意识	有良好的应对能力，善于发现问题，勇于尝试并挑战多种解决方法，有细致的观察能力，善用各种工具进行探索突破。	
社会责任	引导学生参与实践，了解社会，增强责任感和使命感，树立正确的世界观、人生观、价值观，能与同伴沟通合作，有较强的责任意识。	

三、分解目标维度，构建跨学科课程目标体系

根据各学段学生的年龄特征、知识积累和认知规律，对跨学科课程总目标进行分解，力求建构一体化、进阶性的跨学科课程目标体系，最终实现学生的自主发展（表 14-2）。

表 14-2　跨学科课程目标分解

维度	人文底蕴	创新意识	社会责任	自主发展
总目标	通过学习、理解、运用人文领域知识和技能等方面所形成的基本能力、情感态度和价值取向。	有良好的应对能力，善于发现问题，勇于尝试并挑战多种解决方法，有细致的观察能力，善用各种工具进行探索突破。	引导学生参与实践，了解社会，增强责任感和使命感，树立正确的世界观、人生观、价值观，能与同伴沟通合作，有较强的责任意识。	"以人为本"，强调培养学生的主动性和独立性，让学生变成真正的学习主体，主动参与、主动探索、主动思考，增强自主意识，从而促进学生个体的主动发展。
七年级	通过学习能初步感受人文领域的作品，能初步表达情感和进行简单描述。	能在教师的引导下，提出问题，并设想简单的解决办法，有一定的观察力。	在教师的指导下，能遵守礼仪和规则，按计划完成社会实践活动。	能在教师的帮助下，组建合作小组，初步养成规划意识，尝试合作制订计划解决问题。
八年级	能理解和尊重人文领域的文化，了解国情历史。	结合生活中的现象提出具体的问题，能表述清楚，能初步制订解决问题的计划。	能够自觉遵守实践活动中的各种礼仪，总结实践过程中的收获和不足。	有团队意识和责任感，与同伴互助，明确分工，有条理地完成小组任务，能执行计划，尝试完善改进计划。
九年级	能理解和运用人文领域知识和技能，有文化自信，践行社会主义核心价值观。	关注社会现象，积极思考并提出有意义的问题，有科学的创新方法，全面细致地研究解决问题。	能积极参与社会实践和公益活动，能参与设计实践活动项目，能认识并践行"社会责任感"。	能合理安排自己的学习和生活，能自主建立合作小组，主动承担职责，主动探索和思考，对自我和同伴作出合理评价。

第十五章 跨学科主题课程内容与实践

第一节 跨学科主题课程的内容结构

一、课程结构

学校建立了适合学生发展的培养目标，并将其细化为学生必须具备的核心素养，落实立德树人的根本任务，对已有课程进行了对焦、梳理、总结，形成了多领域、多层次、可选择的课程体系，包括五大模块、三大领域、跨学科课程群（图15-1）。

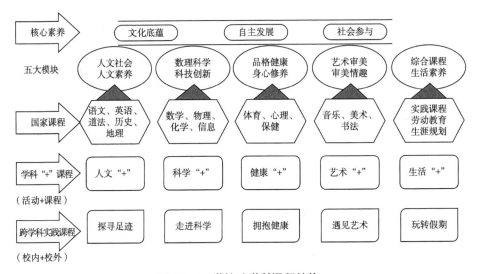

图 15-1 学校跨学科课程结构

（1）国家课程。

学校将原有国家课程中的各学科分类整合成五大模块，即人文社会（图15-2）、数理科学（图15-3）、品格健康（图15-4）、艺术审美（图15-5）、综合课程（图15-6）。采用大单元教学、学科实验课程等，整体设计课程内容，推进自主课堂模式，提高课堂教学效率，为学生的全面发展奠定基础。

人文社会

人文知识	文化理解	生命价值	社会责任
基础课程学习目标：知识与技能、过程与方法、情感态度价值观			
语言类		人文类	
语文、外语		历史、地理、道德与法治	
知识构建	课堂导学	自主学习	评价反馈
设置情境引入	学习目标引导	探究式学习	课堂检测
引发认知冲突	学习方法指导	合作式学习	阅读表达
形成完整思维	学习疑难疏导	感悟式学习	思维外显

图 15-2　"人文与社会"学科课程

数理科学

科学知识	科学理念	科学方法	科学精神
基础课程学习目标：知识与技能、过程与方法、情感态度价值观			
思维学科		自然科学	技术科学
数学		物理、化学、生物	劳技、信息
知识构建	课堂导学	自主学习	评价反馈
设置情境引入	学习目标引导	探究式学习	课堂检测
引发认知冲突	学习方法指导	合作式学习	阅读表达
形成完整思维	学习疑难疏导	感悟式学习	思维外显

图 15-3　"数理科学"学科课程

品格健康

心理知识	品格意志		健体知识	健体技能		
品格素养			体育素养			
心理知识	心理调节	健康意识	自主发展	体育知识	体育技能	体能体质	体育精神
基础课程学习目标：知识与技能、过程与方法、情感态度价值观							
心理学科			体育学科				
心理			体育				
学习研讨、观摩欣赏、体验实践							

图 15-4　"品格健康"学科课程

艺术审美

艺术创意		审美技能	
艺术素养			
艺术知识	艺术技能	审美情趣	艺术创意
基础课程学习目标：知识与技能、过程与方法、情感态度价值观			
艺术学科			
音乐、美术			
学习研讨、观摩欣赏、体验实践			

图 15-5　"艺术审美"学科课程

生活技能		劳动教育	
综合素养			
生活知识	生活技能	劳动意识	劳动技能
基础课程学习目标：知识与技能、过程与方法、情感态度价值观			
综合学科			
劳动教育、生活技能			
学习研讨、观摩欣赏、体验实践			

图 15-6　"综合"学科课程

（2）"学科+"课程。

构建"学科+"的课程体系，其中学科是优化整合的国家基础性课程，而"+"则作为国家课程的补充，通过跨学科主题课程发展学生的个性，将学校特色发展与学生自主发展完美结合。依据课程目标分解表，采用相同主题，不同年级，结合课标、分层教学，使学生更有效地掌握知识。七年级主要以活动课程形式实施，八年级和九年级则用融合课程形式实施，旨在培养学生自主学习、自主探究、团队合作的能力（表 15-1）。

表 15-1　学校"学科+"课程设置

"学科+"	学科	"+"	目标维度	课程内容
"人文+"	语文	历史	人文底蕴	唐风宋韵
	语文	信息、美术	创新意识	动画让诗句插上翅膀
	语文	数学	创新意识	古诗词中的数学
	语文	物理	创新意识	成语中的物理
	历史	地理	社会责任	北京，你了解多少
	地理	历史	人文底蕴	以"理"说史探寻原始农耕

续表

"学科+"	学科	"+"	目标维度	课程内容
"人文+"	地理	物理	社会责任	探秘地球
	道法	历史、地理	社会责任	民族区域自治制度
	道法	生物	社会责任	中国"抗击疫情"
	道法	科学	人文底蕴	爱国情感——科技领域
	英语	音乐	创新意识	英文经典歌曲欣赏
"科学+"	数学	物理	创新意识	TI图形计算器
	数学	科学	创新意识	益智类游戏开发
	物理	生物、化学	创新意识	科学探究之旅
	物理	地理、劳技	创新意识	桥梁设计制作
	物理	生物	创新意识	生活中的科学
	物理	生物、语文	社会责任	科学说节气
	物理	生物、信息	创新意识	创新科技
	生物	化学	社会责任	劳动教育课程
	生物	数学	创新意识	动、植物们的数学天空
	生物	地理	社会责任	解密"花钟"
	劳技	生物	社会责任	智能环保概念秀
	劳技	物理、生物	创新意识	模型制作
"健康+"	体育	科学	创新意识	赛场上的科学
	体育	生物	社会责任	运动健康
	体育	音乐	社会责任	体育韵律课程
	体育	美术	社会责任	图解运动
"艺术+"	音乐	语文	人文底蕴	朗读者
	美术	语文、历史	人文底蕴	我是名著插画师

（3）跨学科实践课程。

跨学科实践课程依据五大模块进行构建，分为探寻足迹、走进科学、拥抱健康、遇见艺术、玩转假期。在保证学生基本能力发展的基础上，结合校内外、大小课时与寒暑假，同时改变评价机制，促进学生自主发展（表15-2、表15-3）。

表15-2　学校（日常）跨学科实践课程设置

实践课程分类	课程内容
探寻足迹	京味文化
	名人故居
	博物馆系列
走进科学	趣味科学
	加油！向未来系列
	科技馆系列
拥抱健康	学会一项体育竞技项目
	体育健康教育
	心理健康教育
遇见艺术	欣赏一场音乐会
	观看一场话剧
玩转假期	寒暑假综合实践课程（室内+室外）

表15-3　学校（假期）跨学科实践课程设置（部分展示）

主题形式	七年级	八年级	九年级
室内传统节日	语文：欣赏春联	语文：创作春联	语文：创作春联
	数学：家庭采买记录、绘图	数学：家庭理财	数学：家庭采买记录、绘图
	理化生：家庭清洗剂探究	理化生：制作节日美食：发面、饺子	理化生：科学实验
	史地政：查阅一件今年的国家大事	史地政：查阅并分析一件今年的国家大事	史地政：分析一件今年的国家大事并提出自己的观点
	艺体：最喜爱的节目	艺体：最喜爱的节目	艺体：最喜爱的节目
室外实践课程	游园：依据学程单做好简单记录	游园：完成学程单内容	游园：自行设计学程单

二、课程资源

从培养学生综合能力的角度切入，在课程建设的整体构建下，就跨学科融合课程资源开发及教学实施进行研究，构建跨学科融合课程体系，提升学生综合能力。在教师层面进行系列跨学科主题课程内容构建的操作策略：

（1）插入式，以国家课程、地方课程、校本课程作为课程体系的基本框架，将其他课程资源中富有特色的内容插入其中，形成内容丰满、结构严谨的完善的课程体系，这依赖于教师的课程把握能力；

（2）衔接式，关注课程不同学科之间的联系和衔接，对不同学科重叠和交叉的部分进行整合，这依赖于教师之间的交流和配合；

（3）增删式，教师结合课程整合的核心发展目标，适当删除课程之间的冗余内容，增加一些学生确实需要的富有特色的课程内容，以增强课程体系的适应性，这依赖于教师的灵活运用能力；

（4）重构式，打破传统课程门类，创设新的课程形态与体系，这依赖于教师的创造力。

第二节　跨学科主题课程的实施策略

一、课程的实施

学校把跨学科教育的目的定位为：在发展学生综合能力与核心素养的过程中，积淀和凝练办学特色，让跨学科教育与发展学校特色共同生长（图15-7）。

图15-7　学校跨学科课程实施基本流程

1. 课例研究，共享实操

在跨学科整体思路的基础上，从简单着手，从教师熟悉的课程着手。基于学生学段的知识经验，每学期文科组和理科组链接相关学科，各确定一个课程主题。主题要具体明确，能准确地反映活动的内容、范围及研究的深度。主题内容须契合学科知识融合策略。根据主题活动的需要，组织相应的教师指导小队共同实施，具体主题具体对待。活动方案的设计是对实践活动的开发过程，在此过程中，教师需要收集、整理、学习大量相关的知识信息。在设计时，需要考虑学生的具体情况。此外，在设计时，还要对活动的总目标和阶段性目标进行分解与细化，使方案更具体、更有针对性和操作性。

采取项目负责人总负责下的教研组长负责制。每个教研组承担相应的跨学科教学设计和实施的责任，由教研组长负责协调相关跨学科主题的确立、教学内容的选择以及教学设计的制定、实施与总结。同时，为了协助教研组长更规范地做好相关流程，副校长和教科研副主任担任项目负责人，对实践与主题设计之间进行调整、组织和协调。通过组织机构上的重心下移，教研组长承担的角色和责任就相对更加重要。

在主题课程开发与实施中，教师们需要考虑如何激发学生的兴趣，培养学生对知识的关联能力、综合考虑问题的能力；如何在实施中引导学生发现问题、分析问题，培养学生收集和处理信息的能力；如何在实施中发挥教师指导者、组织者、促进者的职能，为学生提供充分合作的学习时空，激发其探究热情。然后由学生输出所学习到的知识与技能，提供平台让学生充分地自主合作展示交流。

2. 课题引领，多维培训

为提高学校及教师的研究能力、研究水平，拓宽学科融合事业，学校积极立项并参与关于跨学科教育的多项科研课题，让骨干教师、项目教师循着教育科研的规律、方法，科学把握，大胆探索，总结教法。北京市教育学会十四五课题"融合主题下初中跨学科融合课程开发与实施"与"育人导向下的学科实践活动中劳动教育设计与实施的研究"，中国教育战略发展学会"学校管理在教育信息素养提升层面的改革实践研究"等课题，均有效带动了学校跨学科教育的发展。

同时，学校制订了多维度培训方案，让教师们在培训中得到发展和提升，如"无人机""科技论坛"等，旨在提高全校教师的科普教育水平。学校会邀请科技人员、专业综合教师为全体教师举办教育创新讲座，或由校内骨干教师开展创新教育及跨学科课堂实操性培训，既有创新普及，又兼顾实践操作，有效提升了教师的科学素养和创新教学能力。

3. 分类设课，分类实践

（1）"学科+"课程虽然针对三个年级，但是实施的方式和内容略有不同，七年级主要是活动课程，以项目式活动学习方式供七年级学生选修，其以结合主题进行调查研究、分析展示、动手实践活动为主。此外，还有部分"学科+"课程以课后服务方式供七、八年级的学生选修，旨在丰富学生的学科知识，激发其学习兴趣，并注重过程性评价。

（2）"学科+"融合课程的实施对象是八、九年级学生，以班级为单位进行学科的学习；项目式融合课程以年级为单位，选出对此感兴趣并表现优秀的同学进行调查研究分析（图15-8）。

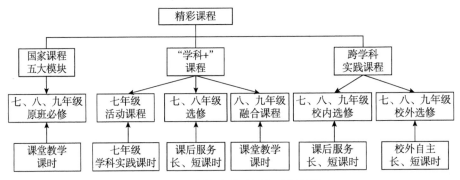

图 15-8 学校跨学科课程设置结构

跨学科融合主要分为两种实施策略：跨学科课程和跨学科的项目式融合。跨学科课程需要学生有一定的知识储备，主要在八年级进行。跨学科的课程结合国家课程标准对各学科的要求，制订教学目标和教学计划。以下为融合课程参考案例，如表15-4所示。

表 15-4 《生活中的科学》课程设置

单元主题	课程内容	年级	形式	课时安排
声现象	耳机与音响	七年级	活动课程	2课时
		八年级	融合课程	2课时
光现象	眼睛和眼镜	七年级	活动课程	2课时
		八年级	融合课程	2课时
热现象	一年四季	七年级	活动课程	2课时
		八年级	融合课程	2课时

单元主题	课程内容	年级	形式	课时安排
力学	健身器械	七年级	活动课程	2课时
		八年级	融合课程	2课时
电磁学	电动机与发电机	七年级	活动课程	2课时
		八年级	融合课程	2课时

（3）跨学科实践课程分为校内选修和校外选修。校内选修利用课后服务进行长、短课时的授课，针对四大主题内容进行课程的开发与实施。同时设计创新性作业，以研究性报告和动手制作为依托，拓展学生的知识外延，扩宽学生的学习视野。让师生在原有活动的基础上，挖掘相关的显性资源和隐性资源，以新的视野、思路和起点推进综合实践活动课程资源的开发与构建。依托地域文化开发资源——立根本；跨学科融合开发资源——显特色；围绕动手实践开发资源——强技能；基于社会课堂特点开发资源——求发展。同时关注不同年级学生的特点和培养目标，进行跨学科主题假期实践课程的开发及实施，供所有学生在寒暑假期间进行选修（表15-5）。

表15-5　跨学科实践课程开发与实施

实践课程分类	课程内容	实施
探寻足迹	京味文化	七年级
	名人故居	八年级
	博物馆系列	九年级
走进科学	趣味科学	七年级
	加油！向未来系列	八年级
	科技馆系列	九年级
拥抱健康	学会一项体育竞技项目	七年级
	体育健康教育	八年级
	心理技能训练	九年级
遇见艺术	欣赏一场音乐会	全学段
	观看一场话剧	全学段
玩转假期	寒暑假综合实践课程（室内+户外）	全学段

4. 实施的具体方法

📚 **案例 人体中的科学——视觉的形成**

情境引入：我们是如何通过眼睛观察这个世界的呢？

第一课时：眼球的结构、视觉的形成。

本节课主要从生物学的角度认识眼球的结构和视觉的形成，设计了观察模型和解剖动物眼睛的实验，直观地让学生看到眼球的内部组成，找到里面的晶状体，为下节课物理学的凸透镜成像原理的学习做好铺垫。

活动一：【观察组装眼球模型（图15-9）并指出折光系统】

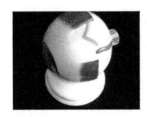

图15-9 眼球模型

活动二：【解剖并观察牛眼中的对应结构】

①用镊子从切口处挑起角膜，用解剖剪沿角膜边缘把角膜剪下放在解剖盘中；每位同学用手触摸角膜的厚度。

②用解剖剪在眼球后方的切口顺着画线的方向剪开眼球外侧壁，直到大部分液体流出，取出晶状体与玻璃体放在培养皿中。

③把眼球外侧壁翻转过来，在角膜的后方位置看到的结构就是视网膜，其非常薄，极容易脱落，脱落会导致失明。

④取出晶状体与玻璃体，把晶状体放在解剖盘内的答题纸上。

⑤轻轻按压晶状体，感受其弹性。晶状体的厚薄可以发生改变吗？为什么晶状体的厚度会发生改变呢？

第八部分

反思与展望

第十六章　学校开展自信教育的实践与思考

第一节　自信教育的实践反思

在现代社会中，教育的使命正在发生深刻变革。新方案和新课标围绕"为谁培养人、培养什么人、怎样培养人"这一根本问题，依据新时代党和国家对教育的新要求，确立了层级化的"树人"目标体系。新课标一改"教学大纲"时代的"双基"目标和世纪之初新课程的"三维目标"，从学科本质出发，凝练每门课程要培育的核心素养，强调培育正确价值观、必备品格与关键能力。这对教育体系、教育模式的变革提出了新要求、新标准，我们需要一种更加注重学生个性发展、创新能力培养的教育模式。经纶团分积极应对教育改革要求，不断探索总结，摸索出自信教育与自主学习相结合的教育变革模式，形成了学校自己的教育特色。

基础教育课程承载着党的教育方针和教育思想，其旨在实现学生的深度学习，立德树人，促进学生核心素养的发展。这就要求学校深化教学改革，基于课程标准推进综合学习，理解与把握学习目标的整体性，促进学生举一反三，融会贯通，加强知识间的内在关联，促进知识结构化。创设以学习者为中心的学习环境，凸显学生的学习主体地位，满足其多样化学习需求。

自信教育是一种旨在帮助学生树立自信心、提升学生核心素养的教育理念。在现代社会中，自信心是一个人成功的关键因素之一。一个自信的人更有可能在各个领域取得成功，因为他们敢于挑战自我、追求卓越。相反，缺乏自信的人往往因为自我怀疑和焦虑而错失良机。因此，教育者应该关注学生的自信心建设，帮助他们建立积极的自我形象和自信心。

自信心是指个体对自己能力和价值的积极评价，其是一种主观感受和态度。它涉及个体对自己的认知、情感和行为等方面，是自我概念和自我效能感的重要组成部分。自信心不仅是个体心理健康的重要组成部分，也是个体在社交、学业和职业等领域取得成功的重要基础。自信心的来源包括个体的成功经验、他人的认可和支持、积极的自我评价和自我概念等。而自信心的影响因素则包括家庭环境、学校教育、社会环境等方面。例如，父母的教育方式、教师的期望和评价、同伴关系等都会对学生的自信心产生一定的影响。

自信教育的重要性在于它能够帮助学生建立积极的自我概念和自我效能感，提高学生的学习兴趣和动力，增强学生的心理韧性和适应能力。实施自信教育的路径包括：尊重学生的个性差异、提供多元化的培养方式、唤醒学生的主体意识等方面。具体来说，教育者需要做到以下三点：首先，尊重学生的个性差异，了解他们的兴趣和特长，并根据这些信息来制订个性化的教学计划和活动方案；其次，提供多元化的培养方式，包括课堂教学、课外活动、社会实践等多种形式，以满足不同学生的需求；最后，唤醒学生的主体意识，让他们意识到自己是学习的主人，有权利和责任参与到学习过程中来。

基于"让每个孩子拥有成长自信"的办学理念，学校结合温内和巴特勒的自主学习理论，将自主学习作为提升学生成长自信的重要途径。在我们的办学理念中，"自主"与"自信"是内外统一的关系，我们从心理的自信入手，激发更多的行为自主的出现，最后又提升内在的自信，形成内在的闭环。

自主学习作为一种以学生为主体的学习方式，它强调的是学生在学习过程中的主动性和独立性。"自主学习"是相对于"被动学习"而言的，这是一种高品质的学习状态，其最大的特点是以尊重学生为前提，发挥学生的主观能动性。学生在教师的指导下，能积极主动地参与到学习中，根据自己的学习能力、学习任务要求调整自己的学习策略和努力程度，从而完成学习任务的过程。[①] 和其他的教学模式一样，自主学习也有一套独特的操作程序，这套操作程序得益于维果斯基提出的"最近发展区"理论。维果斯基认为，儿

---

① 姚军.《中国传统文化概论》教学的几点做法 [J]. 中华优秀传统文化研究，2019（00）：230-246.

童的发展可以分为两种水平：第一种是现有发展水平，由已完成发展顺序的结果而形成，表现为儿童凭借自己的能力独立地解决智力任务；第二种是潜在发展水平，表现为虽然儿童还不能独立地解决某些问题，但是在成年人或高水平同伴的帮助下可以成功解决这些问题。这两者之间的差距，就是"最近发展区"。基于学生的"已有发展区"和"最近发展区"，我们得到的启发是：强调以学生为中心，强调自主学习是教学的一个重要环节，强调利用各种信息资源来支持学生的"学"而不是教师的"教"。经过实践研究，有利于学生自主学习的教学主要包括以下环节：自学检查、教师讲解、创设问题情境、激发内在学习动力、学生自主学习、小组讨论、结果评价等。

在当前教育发展的全球化大背景下，各个国家和地区的科学教育都将培养学生的能力作为首要目标。我国颁布的《国家中长期教育改革和发展规划纲要（2010—2020年》)指出，基础教育阶段要提高基础教育的质量，着力培养学生的学习能力、创新能力和实践能力。自主学习是这个时代所要求的每个学习者必然要掌握的一项能力。其指的是学习者主动、自觉、独立地学习，即使没有老师的指导，也依然能学习、会学习、学得会。庞维国认为，当学生对自己的学习动机、学习内容、学习方法、学习时间、学习过程、学习结果、学习环境等方面都能够主动作出选择、控制或调节时，其学习就是自主学习。作为教师，在平时的教学中，不仅要重视本学科内容的学习，更要着力于学生自主学习能力的培养。

在现代社会中，自主学习能力是一个人终身学习的关键技能之一。一个具备自主学习能力的人能够自我驱动、自我监控、自我评价，从而能够更好地适应不断变化的社会环境和工作需求。相反，缺乏自主学习能力的人往往因为缺乏独立思考和解决问题的能力而难以适应变化。因此，教育者应该注重培养学生的自主学习能力，帮助他们掌握有效的学习策略和方法。具体来说，教育者需要做到以下三点：首先，转变传统的教学观念和方法，从知识的传授者转变为学习的引导者和促进者；其次，提供丰富的学习资源和环境，包括图书馆、实验室、计算机室等学习场所，以及书籍、电子资源、在线课程等学习资源，使学生能够随时随地进行学习；最后，通过课堂教学、辅导咨询等方式培养学生的自主学习策略和技能，例如时间管理、信息搜索、批判性思维等。

学校为学生创设了多元发展平台，开展综合实践活动帮助学生体验成功、树立成长自信。学生在参加市区级青少年创新比赛及中学生创新性学习活动竞赛中取得了优异的成绩。学生实现了平进高出，由入校时的普通中学生成长为北京市优秀学生。2021 年，何一帆同学获得国家教育部颁发的第十五届宋庆龄奖学金，并荣获首都好少年称号，2022 年，刘星彤同学再荣获"首都好少年"称号。2021 年中考，王宇馨同学位居朝阳区前 20 名，被北京四中录取。相较于中考低入口，一大批同学高中在校学习三年后，以综合素质高、创新素养强被知名高校录取，高中实现了低进高出的质量目标。

第二节　自信教育的具体实践方法

自信教育是一种旨在帮助学生树立自信心，提高自我效能感的教育方法。它强调学生的主体性和自我发展，关注学生的情感、认知和行为等方面。本文将从五个方面探讨自信教育的具体实践方法，包括情境教学法、成功体验法、多元评价法、角色扮演法和激励性评价法。

一、情境教学法

情境教学法是通过创设真实或模拟的情境，让学生在情境中学习和体验的教学方法。

（1）确定教学目标和内容：教育者需要根据学生的年龄、学科和认知水平等因素，确定合适的教学目标和内容。

（2）创设情境：教育者可以通过多媒体、实物、场景布置等方式，创设真实或模拟的情境，让学生身临其境地学习和体验。

（3）引导学生参与：教育者需要引导学生积极参与情境活动，鼓励他们发挥自己的想象力和创造力。

（4）给予反馈和鼓励：教育者需要给予学生积极的反馈和鼓励，让他们感受到自己的进步和成就。

教育者需要确保情境的真实性和适宜性，避免过于复杂或虚假的情境对学生造成负面影响。同时，教育者还需要关注学生的个体差异，根据不同学生的需求和特点进行有针对性的指导。

二、成功体验法

成功体验法是通过让学生体验成功，从而增强自信心和自我效能感的教学方法。

（1）设置适当的学习任务和目标：教育者需要根据学生的实际情况和学科特点，设置适当的学习任务和目标，确保学生能够通过努力完成任务并获得成功体验。

（2）提供支持和指导：教育者需要为学生提供必要的支持和指导，包括学习方法、资源利用等方面，帮助他们克服困难和挑战。

（3）及时给予反馈和肯定：教育者需要及时给予学生积极的反馈和肯定，让他们感受到自己的进步和价值。

（4）鼓励分享和交流：教育者可以组织学生进行分享和交流活动，让他们分享自己的成功经验和方法，从而增强自信心和自我效能感。

三、多元评价法

多元评价法是通过多种评价方式对学生进行评价，从而全面了解学生的学习情况和进步的教学方法。

（1）确定评价方式和标准：教育者需要根据学科特点和学生实际情况，确定合适的评价方式和标准，包括课堂表现、作业、考试等方面。

（2）进行评价和反馈：教育者需要按照评价方式和标准对学生进行评价，并给予具体的反馈和指导。反馈内容包括学生的优点和不足，以及改进建议等方面。

（3）鼓励学生参与评价过程：教育者可以组织学生参与评价过程，让他们对自己的学习情况和进步有更深入的了解及认识。这不仅可以增强学生的自我意识和自我管理能力，还可以提高他们的自信心和自我效能感。

四、角色扮演法

在历史教学中，教育者可以组织学生进行历史剧的表演，让学生扮演历史人物并模拟历史事件。通过深入了解历史背景和人物心理，学生能够更好地理解历史知识并提高自信心和沟通能力。此外,在英语教学中,教育者可以创设模拟商务场景的角色扮演活动,让学生在模拟环境中进行商务对话练习,从而提高英语口语和交际能力。这种方法不仅可以有效地激发学生的学习兴趣和动力,还可以提高他们的自信心和自我效能感。

五、激励性评价法

教育者需要关注学生的进步和成就并及时给予积极的反馈及评价,让学生感受到自己的价值和能力。例如可以设置进步奖、优秀作业奖等奖项,对表现突出的学生进行表彰和奖励,从而激发他们的学习热情和自信心。同时教育者还需要关注学生的情感需求,给予他们关心和支持,帮助他们建立积极的学习态度和情感体验。

第三节 自信教育与自主学习的融合实施

自信教育与自主学习是相互补充、相互促进的教育理念,只有将二者融合起来实施,才能真正发挥它们的作用,提高学生的自信心和自主学习能力。具体来说,教育者需要做到以下五点:

一、创设有利于自信教育和自主学习的课堂环境

长期以来,由于我们的教育深受传统教育思想与模式的束缚,只把学生当作教育的对象,课堂教学依然存在"教师讲,学生听;教师考,学生背;考什么就教什么,不考的就不教;重知识,轻能力;重分数,轻素质"的问题,所培养的学生缺少自主、创新精神。还有一部分学生习惯了教师"教什么",我就"学什么",教师让我"干什么",我就"干什么"的教育方式,学生处于被动地位。教师对学生关心过度,害怕学生学不好,对学生扶得多、放得少,造成学生被动学习和不会学习,也抑制了学生的自主、创新精神。

在新一轮基础教育课程改革过程中,要求教师转变观念,改变教学方式,重视学生能力的培养,提高学生的素养。针对上述现象,教师必须调整自己的教学方式，加强学生自主学习能力的培养，把以教为中心逐渐转变为以学为中心，把课堂上少数学生参与转变为鼓励全体学生积极主动地参与，充分调动学生学习的内驱力，发挥他们的主观能动性，努力实现从"要我学"到"我要学"，再到"学会学习"的转变，让学生真正成为学习的主人。因此，如何进行课堂的教学设计尤为重要。建构主义学习理论认为，知识不是通过教师的讲授得到的，而是学习者在一定的社会文化背景下，借助他人的帮助，利用必要的学习资料，通过意义建构的方式获得的。教师是教学过程的组织者、指导者，是意义建构的帮助者、促进者；教材所提供的知识不再是教师讲授的知识，而是学生主动构建的对象；多媒体也不再是帮助教师传授知识的手段、方法，而是用来创造情境，进行协作学习和会话交流，即作为学生主动学习、协作式探索的认知工具。对自主学习模式的探究，对促进学生核心素养的培育具有积极意义。

教育者需要创设一个积极、安全、尊重的课堂环境，让学生感到被接纳、被理解、被支持。教师应把课堂还给学生，让学生自主学习和思考，确保学生将自主学习融入教学每个环节中，注重培养学生的设计、获取信息、理解信息、概括表达等自主学习能力。教师作为教学活动的参与者，不再只是关注如何教，更要关注学生怎样学，让学生真正体会到自己才是学习的主人。他们的学习兴趣由低到高，学习方式由被动变为主动，学习状态也由低参与到高参与。这种变化不仅提高了学生的学习效果，还培养了他们自主学习的习惯。这可以通过建立师生之间的良好关系、鼓励学生表达自己的观点和疑问、提供多元化的学习资源和活动等方式实现。同时，教育者也需要关注学生的学习进程和情感体验，及时给予帮助和反馈，让他们在学习过程中感受到成功的喜悦。

二、提供个性化的指导和支持

每个学生都有其独特的学习方式和节奏，教育者需要提供个性化的指导和支持，以满足学生的学习需求。这可以通过了解学生的学习风格和兴趣、制订个性化的学习计划、提供针对性的学习资源和反馈等方式实现。同时，教育者也需要关注学生的情感需求和心理健康，为其提供必要的心理辅导和支持。例如，可以定期组织学生进行自我评价和反思，让他们总结自己的学习经验和成果，并与同学分享和交流。这有助于他们建立积极的自我形象和自信心。

三、建立自主学习机制

教育者需要帮助学生建立自主学习机制，培养他们的自主学习能力。具体来说，可以通过制订学习计划、设置学习目标、监控学习过程、评价学习成果等方式，帮助学生掌握自主学习的策略和方法。同时，教育者也需要提供丰富的学习资源和环境，让学生能够随时随地进行学习。

1. 以兴趣为契机——增添课程更浓的趣味吸引程度

自主学习，注重的是发挥学生的主观能动性，强调的是一种积极自觉的学习行为。学生在教师的指导下，积极主动地参与到学习中，根据自身情况完成合适的学习任务，从而获得更好的学习效果。这其中，学习的兴趣就显得至关重要，只有感兴趣，才能驱使学生更积极地主动学习。

2. 以学生为中心——给予学生更大的自主选择余地

信息技术改变了学生获取知识的方式，调动了学生自主学习的积极性。学生拥有了更多的途径和信息来学习新知识，教学资源的丰富性、使用的灵活性、调用的方便性，都为学生自主学习的开展提供了有利条件。

教师应该给予学生更大的自主选择余地，让其在基本学习要求的基础上，根据自身兴趣和知识结构的特点自主选择学习资源，使其学习更具有针对性，并促进其个性化发展，实现对课堂教学的良好补充。

一方面，教师需要为学生筛选并提供更加广泛丰富的学习资源，如课外阅读资料、视频学习资源等，开阔学生的眼界。

另一方面，教师需要对课程知识进行整合，采用微课小视频等形式进行课程知识或者题目的补充讲解，让学生能利用课余零散的时间有选择地进行学习。

3. 以能力为导向——注重课程更强的能力立意设计

自主学习，更多的是强调学生学习能力的发展，因此教师应当注重教学设计对学生能力的培养。

根据学生实际情况，教师可以把一些通过学生独立思考可以解决的问题设计成课后任务让其完成。这既实现了课堂的延伸，增加了学生自主学习思考的机会，培养了学生的相关能力，同时也节省了课堂时间，提高了课堂效率。在学生探究之后，鼓励他们在课堂上进行展示，培养其表达能力。

四、开展合作学习活动

合作学习是一种重要的学习方式，可以促进学生之间的交流与合作，提高他们的自信心和团队协作能力。教育者可以组织合作学习活动，如小组讨论、项目合作等，让学生在合作中学习和成长。在这个过程中，教育者需要关注学生的学习进程和情感体验，并及时给予帮助和反馈，让他们感受到合作学习的快乐和成就感。

五、构建高效课堂

提高课堂效率和课堂教学质量已成为新课程改革下的热点问题。实施素质教育，课堂教学是关键，因为其是素质教育的主阵地，是向学生传授知识、训练能力的主渠道。教学中，教师要努力改变传统的教学模式，改进教学方式和方法。要以促进学生自主探索、主动发展为目标，面向全体学生，充分调动其学习的积极性；要通过各种组织形式，引导学生动手实践、自主学习、自主探究、合作交流，切实提高学生分析问题和解决问题的能力；要在注重知识发生、发展过程的同时，有效安排学生的技能训练，强调教学目标的达成意识和反馈意识，努力提高课堂教学的效益和质量。

高效课堂是一个全新的概念，其需要在有效的课堂基础之上完成教学任务和教学目标，取得较高的成效，即用尽可能少的时间、精力以及物力，取得尽可能好的教学效果。其主要是体现在效率最大化和效益最大化两个方面，其中，效率最大化指的是在有效的单位时间内学生的吸收量，表现在课堂的容量以及课内外的学业负担等方面；效益最大化主要是指学生受到教育教学影响的程度，表现在学习兴趣的培养、学习习惯的养成以及学习能力、思想道德等方面。高效课堂可以凭借最小的教学投入获得最大的学习效益。其打造离不开教师和学生的共同努力，学生是学习的发展主体，教师则是学习活动的引导者和组织者。教师需要充分应用现代化的教学手段，努力开展有限的教学资源，扩展学生的学习途径，改进教学方式，提升初中语文教学效率，扮演好学生学习过程中的配角，将课堂还给学生，积极和学生进行互动交流，遵循学生的发展规律，确保学生的课堂主体地位，进行教学方式的改革和创新，构建真正意义上的高效课堂。①

自信教育与自主学习是现代教育的两大重要使命。只有将二者融合起来实施才能真正发挥它们的作用，从而提高学生的自信心和自主学习能力。未来我们需要在以下三个方面做出努力：一是加强理论研究和实践探索，不断完善自信教育和自主学习的理论体系及实践策略；二是加强教师培训和专业发展，提高教师的教育理念和教学能力，让他们能够更好地实施自信教育和自主学习的理念；三是加强家校合作和社会支持，形成教育合力，共同促进学生的全面发展。同时我们也需要关注不同学生的需求和特点，为其提供个性化的教育服务，确保每个学生都能够得到充分的发展和提升。

第四节　探索与尝试

自信教育与自主学习的实施策略是确保其理念能够在实践中有效贯彻的关键。在当前社会教育变革的背景下，我们需要制定一系列切实可行的策略，以推动自信教育与自主学习的深入实施。这其中涉及学校、教师和学生等多方面的合作。

经纶团分在校领导班子的科学领导下，以时代教育要求为指引，对教育发展趋势进行深入思索，积极开展了一系列创新尝试与探索。其中，自信教育理念的提出，成为我们改革教育模式、培养学生全面发展的重要方向。为了将自信教育真正落地，学校、教师和学生三个层面需要共同努力，探索更符合现代社会要求的教育模式。

一、学校层面的实践

学校作为教育的主体，承担着为自信教育提供坚实基础的重要任务。为了实现这一任务目标，我们需要从校园文化、课程设置、教学方法等方面进

---

① 杜昌鹏. 初中语文课堂教学构建高效课堂的策略探讨 [J]. 学周刊, 2021 (26)：153-154.

行改革。

首先，在校园文化方面。经纶团分深知校园文化的重要性，因此着力倡导一种自信教育的文化氛围。在这种文化氛围中，鼓励学生勇于表达、敢于尝试，让每一个学生都有机会展示自己的才华和潜力。对学生的培养目标是：全面发展、学有特长、自信阳光。对于"全面发展"，经纶团分坚信每个学生都有自己的优点和特质，因此学校提供多元化的学习资源，以满足学生个性化的发展需求。无论是在学术、艺术、体育还是在其他领域，都鼓励学生探索并发展自己的潜能。"学有特长"则强调学生在某一领域的深入学习和实践，形成自己的专长。学校提供丰富的课外活动和实践项目，让学生在实践中发掘自己的兴趣和特长，通过不断地学习和实践，达到专业水准。学校希望通过各种方式，如积极的反馈机制、鼓励性的评价体系等，让学生在学习和生活中逐渐建立起自信心，使他们在面对挑战时能够勇敢地迎上去，不畏困难，不怕失败。为了实现这一目标，学校将不断努力，从校园环境、课程设置、教师培训等方面进行全面优化和创新。在这样的校园文化熏陶下，经纶团分的学生才能真正地成长为自信、有担当、对未来充满期待的阳光少年。

其次，在课程设置方面。学校积极倡导引入更具灵活性的学科，这一改革举措旨在帮助学生形成更为全面的认知。通过跨学科的学习，学生能够拓宽知识视野，增强对各个领域的理解，进而培养出综合思维能力。为了实施这一理念，学校开设跨学科课程。这些课程将多个领域的知识融合在一起，比如文学、历史和科学等。通过这种综合性的课程设置，使学生在探究问题的过程中，不仅能掌握各个学科的基本知识，还能将这些知识相互连接，形成更为全面的理解。

跨学科课程的设计需要精心策划，确保各个学科之间的融合自然、流畅。可以采用项目式学习的方式，让学生围绕一个主题或问题进行深入研究。在这个过程中，学生需要运用不同学科的知识和方法来解决问题，从而实现知识的整合和创新。这种跨学科的学习方式有助于培养学生的综合思维能力。在解决问题的过程中，学生不仅需要运用各个领域的知识，还需要学会将这些知识融会贯通，形成新的观点和见解。这种思维方式有助于学生在未来的生活和职业中更好地应对复杂问题，提出更具创新性的解决方案。经纶团分的这一改革倡议具有深远的意义。通过引入更具灵活性的跨学科课程，使我们能够培养出更多具备综合思维能力和创新精神的人才。这将为我们的社会注入更多的活力，推动各个领域的发展和进步。

最后，教师们在教学授课过程中进行了深刻的变革，他们不再拘泥于传统的教育教学方式，而是积极地探索自主学习课堂。其尝试多元化的教学方式，将课堂还给学生，鼓励他们自主学习和思考。在这种新的教学模式下，学生的自主学习能力得到了充分的提升。教师们非常注重学生的自主学习。他们精心设计教学环节，确保学生将自主学习融入教学的每个环节中。在这个过程中，教师们关注学生的设计、获取信息、理解信息、概括表达等方面的自主学习能力，并通过多种方式进行培养。

在课堂上，教师不再只是知识的传递者，而是教学的参与者。他们不再只关注如何教，而是更加关注学生怎样学。这种关注点的转变让学生真正体会到了自己才是学习的主人，从而提高他们的学习兴趣和学习动力。随着这种新的教学模式的实施，学生的学习状态也发生了显著的变化。他们的学习兴趣由低到高，学习方式由被动变为主动，学习状态也由低参与到高参与。这种变化不仅提高了学生的学习效果，还培养了自主学习的习惯。

二、教师层面的实践

教师是自信教育的重要推动者。为了引导学生更好地参与自主学习，经纶团分的教师们积极改进教学方式并不断提升自身教育水平。

首先，教师在教育过程中扮演着至关重要的角色。为了激发学生的自主学习欲望和创新思维，教师可以采用更具启发性的教学法。例如，启发式问题解决和案例教学等方法，不仅能激发学生对问题的兴趣，还能培养他们主动思考和解决问题的能力。对中学生来说，高效学习是一个重要的目标。在这个过程中，自主学习、研究性学习和合作学习是三种被广泛倡导的学习方式。这三种方式并不是孤立的，而是相辅相成的。它们之间的关系为学生的学习提供了更多可能性和更广阔的空间。

自主学习鼓励学生独立思考，提高其自主学习能力；研究性学习则强调学生通过实践和研究来深化对知识的理解；而合作学习则倡导学生之间互相协助，共同完成任务，从而培养他们的团队合作精神和沟通技巧。作为教师，需要根据所教内容的特点和学生的实际情况，合理地指导学生选择和融合不同的学习方式。通过这样的指导，学生能够更加高效地学习，逐渐增强对所学内容的获得感和成就感。这种积极的反馈将进一步激发学生的学习热情，使他们更加主动地投入学习中。教师的教学方法和学生的学习方式是相互影响的。通过采用更具启发性的教学法和指导学生采用多种学习方式，这样能够创造一个更加有利于学生自主学习和创新的环境，使"教"和"学"走向更好的可持续发展状态。这将为学生的未来成长奠定坚实的基础，同时也将推动教育事业的不断进步。

其次，经纶团分倡导并建立了一种个性化辅导制度。这一制度的核心在于深入了解每个学生的学科兴趣和学习方式，并根据这些信息提供有针对性的辅导。通过个性化辅导，教育者旨在帮助学生更好地认识自己的优点和不足，制订适合自己的学习计划和方法，从而提高学习效果和自信心。苏霍姆林斯基曾言："在儿童感到惊奇、赞叹的时刻，好像有某种强有力的刺激在发生作用，唤醒着大脑，迫使它加强工作。"这正是个性化辅导所要追求的境界。现代教育理论认为，每个学生都是独特的个体，拥有不同的学科兴趣、学习方式和发展潜力。教育者不应拘泥于传统的"一刀切"教学方式，而应通过深入了解学生，为其提供个性化的学习指导。

实施个性化辅导的关键在于详细而具体地分析学情。这需要教育者与学生建立良好的沟通机制，通过观察学生的课堂表现、作业完成情况以及与学生和家长的交流等方式，全面了解学生的学习状况。同时，教育者还应尊重学生的主体地位，鼓励他们积极参与辅导方案的制订和执行，从而培养他们的自主学习能力和责任感。经纶团分所倡导的个性化辅导制度具有深远的意义。不仅能够提高学生的学习效果和自信心，还有助于培养其自主学习能力和创新精神。在这个过程中，教育者的角色也发生了转变，从单纯的知识传递者变成学生学习的引导者和合作者。这将为我们的教育事业注入更多的活力，推动其不断向前发展。

此外，创新课后作业内容和形式，根据学生的学习情况，将作业分为三个层次：A层：分析思想，想象问题，创造未来；B层：知识记忆，理解整体，运用迁移；C层：记忆定义，梳理公式，学会计算。对于A层试题，B层的学生经过深入学习之后第二天来完成；对于B层试题，C层的学生也可以之后再完成。这样尽管当天完成的作业不一样，但几天之后可以让多数学生的学习能力都进步一个台阶，达到课标的基本要求。

作业设置层次化，满足不同层次学生的需求，学生由浅入深，一步步解决问题，帮助其构建良好的数学思维模式。作业的设置中，问题之间要合理地衔接，照顾到不同层次的学生，让所有学生都"有事做"、能思考，积极参与到自主学习中来，增强学习的获得感。

课后作业是课堂教学的延伸，它是训练学生思维、培养学生能力的主要途径，能给学生提供巩固知识的机会，进一步熟练有关技能。然而，要做到作业的"少而精、精而有趣"并非一件简单的事情，其需要教师做更深入的教学研究，课前准备要更加充分、教材研习要更加透彻、知识要点要更加突出、学生的情况要更全面了解。①

三、学生层面的实践

学生是自信教育的主体，而要在教育过程中真正发挥他们的主观能动性，必须鼓励他们积极参与自主学习。自主学习不仅能够帮助学生更好地掌握知识，更可以培养他们独立思考、解决问题的能力，从而增强其自信心。

为了真正实施自主学习，学生可以通过多种方式将课堂所学知识应用于实践中。例如，参与实践项目和社会实践，这些都是极好的平台。当学生在真实的环境中应用所学时，不仅可以加深他们对知识的理解，还可以使其在实践中发掘自己的潜力和价值，这种体验是无法从课本或课堂上完全获得的。每一次成功的实践都会为学生带来巨大的成就感，使他们更加确信自己的能力和价值，从而增强自信心。

为了进一步增强学生的自主学习意识和能力，建立个人学习档案是一个值得推广的方法。这个档案可以记录学生的学科兴趣、自主学习计划、学习进展等信息。这样，学生就可以更加清晰地了解自己的学习过程和成果，从而对自己的学习方法和目标进行更加明确的调整。当学生看到自己的学习成果和进步时，他们会更加自信地面对未来的学习挑战。

当然，自主学习并不仅是学习知识的过程，更重要的是培养学生的自我管理能力。这其中包括时间管理、学习计划制订等方面的技能。当学生具备

---

① 朱娜. 山阴县中小学"双减"政策执行中存在的问题及对策研究［D］. 山西大学，2023.

了这些技能时，他们就能够更加高效地学习，从而提高学习效果。而这种高效的学习状态和不断取得的学习成果，会进一步增强学生的自信心和成就感。这种良性的循环会推动学生持续地投入自主学习中，不断探索、进步。

通过学校、教师和学生三个层面的共同努力，结合实施过程的监测与调整、社会的参与和支持以及国际交流与合作等多方面的策略，可以更好地推动自信教育与自主学习的实施。在实施的过程中，教育者需不断总结经验，灵活调整策略，以确保理念得以深入贯彻，为培养更具创新力和综合素养的新时代人才奠定坚实基础。

在实践过程中，教育者还需要不断地总结经验，发现问题并进行改进。与此同时，也要密切关注社会的变化和需求，及时调整教育策略，确保教育的内容和方式都能够与时俱进。随着自信教育理念的不断深入，相信更多的学生将在自主学习中实现个人价值，并为社会的进步和发展做出贡献。回顾过去的自信教育与自主学习实践，经历了理念提出、路径探索、实践检验等多个阶段。在这个过程中，我们始终注重唤醒学生的主体意识，强调学生在学习中的自我认知和价值体现，并试图通过多样化的学科和实践活动让每个学生都能找到自己的兴趣和特长，真正成为学习的主体。

为了实现学生对自信教育的期许，学校需要不断地进行教育创新。未来教育的方向应当更加关注学生的个体差异，注重培养他们的创造力、批判性思维和解决问题的能力，使其成长为能够适应并引领未来社会发展的全面发展型人才。在这种教育模式下，学生不再是被动接受知识的容器，而是教育过程中的主体。以学生为中心，根据他们的兴趣、特长和需求制订个性化的学习计划，旨在激发其学习兴趣，提高其学习效果。当教育真正关注到每一个学生的独特性时，其自信和创造力将得到最大限度的释放。

同时，经纶团分强调跨学科整合在未来教育中的重要性。鼓励打破传统学科的壁垒，推动不同学科的整合，以培养学生综合运用知识解决问题的能力。这种跨学科的学习方式能够让学生从不同的角度和层次理解世界，形成更为全面和深入的认知，从而更好地适应未来社会的多元化需求。技术与教育的融合也是经纶团分所倡导的未来教育的重要特点。学校致力于充分利用先进的技术手段，构建数字化、智能化的教育环境，通过在线学习、人工智能辅助等方式，拓展学生的学习空间，提高其学习的灵活性和自主性。我们相信，当技术和教育完美结合时，学生的学习体验和效果将得到质的飞跃。

同时，学校也强调培养学生的自主性和独立思考能力，引导他们制订个性化的学习计划，培养他们自主获取信息的能力，以便更好地适应未来社会的需求。然而，学校也需要反思过去的实践，思考是否在注重个性化的同时忽视了对学科知识的全面覆盖，或是在追求自主性的同时忽略了团队协作的重要性。在未来的实践中，及时地监测与调整架构方案，建立科学的评估体系，通过学科成绩、实践活动、综合素养等方面对学生的表现进行全面评估。同时，建立定期的评估机制，收集学生、教师和家长的反馈意见，根据评估结果及时调整教育策略和实施计划。

自信教育与自主学习的反思与展望不仅是对过去实践的总结，更是对未来发展的期许。通过对过去的经验进行深入分析，能够更好地指导未来的实践。展望未来，希望自信教育与自主学习的理念能够得到更广泛的认可和更深入的实践。期待通过科学的评估体系和全面的数据收集对这两种教育的效果进行更精准的评估，以便更好地了解学生的学科水平和综合素养，同时为优化教育策略提供依据。相信随着社会的发展和教育理念的不断创新，自信教育与自主学习将在未来的教育中发挥更为重要的作用，为培养更具创新力和综合素养的新时代人才作出更大的贡献。

第五节　自主课程实践反思与未来展望

伴随课程建设的不断深入，学校的自信文化逐渐凸显，并不断彰显品牌和特色。学校自信教育品牌建设虽初见成效，但其自信课程顶层设计仍需深入。对标"双减"政策要求与标准，学校课程建设的探索和实践之路还很艰难与漫长。未来学校将秉承自信教育理念，在以下两个方面做出更加深入、持续的探索：

（1）进一步加强自主课程一体化建设，大力研发初高中衔接课程，逐步将课后服务课程与国家课程融合，更加精准地服务每一位学生的学习和成长需要，将学校自主课程建设成为促进学生自信成长的保障。

（2）创新发展新型教与学方式，在"双减"背景下探索融合信息技术的教与学方式变革。以自主学习"三原则四抓手"为基础，开展教师教与学模式探索，树立动态变化的自主课程教学模式，挖掘师生潜能、激发师生创新活力，逐渐形成课程建设引领下的动态教学观与学习观。

为更好地推动朝阳区教育强区建设，准确回应新时代国家对教育发展的要求，推进学校办学高质量发展，办成全面推进素质教育、具备特色发展优势、人民普遍满意的朝阳区优质特色学校，经纶团分将进一步深入推进"自主课程"建设，为办好人民满意的教育继续奋斗！

第九部分

教学设计案例

第十七章　人文素养类课程教学设计

第一节　案例导引

核心素养是学生通过课程学习逐步形成的正确价值观、必备品格和关键能力，是课程育人价值的集中体现。义务教育语文课程培养的核心素养，是学生在积极的语文实践中积累、建构并在真实的语言运用情境中表现出来的，是文化自信和语言运用、思维能力、审美创造的综合体现。^① 语文核心素养是最重要的培养目标，它不仅决定了老师教什么、学生学什么、考试考什么，也决定了家长应该重视什么、将孩子的时间花在哪儿。以《蜀相》为例，在《蜀相》的赏析与创想中，围绕"诗意的探寻"展开序列研习，以学生自主阅读、小组合作探究为主，教师指导赏析为辅的学习方式，以达到通过感受古诗词之美获得情感浸润和审美体验，提升对中华文化的认同感和自豪感，增强文化自信的素养目标。教学过程中较多地关注多元理解与辨析、学生合作与探究，但是任务设计缺少一定的情境和驱动性，在如何引导学生运用知识与思维解决问题、联系自我与观照现实方面，可以做一些更精微深入的设计。

---

① 任海燕. 教师文化敏感：文化自信素养的能动性资源 ［J］. 四川教育，2023（Z4）：79-80.

第二节 语文课程教学设计:《蜀相》赏析与创想

基本信息				
授课教师		相关学科	语文	年级	高二

指导思想与理论依据

一、课程背景

《基础教育课程改革纲要》指出,新课程的培养目标应继承和发扬中华民族的优秀传统。在实施方式上,要倡导学生主动参与、乐于探究、勤于动手,培养学生收集和处理信息的能力、获取新知识的能力、分析和解决问题的能力,以及交流与合作的能力。

《普通高中语文课程标准(2017年版2020年修订)》明确指出,"中华传统文化经典研习"学习任务群,选择中国文化史上不同时期、不同类型的一些代表性作品进行精读,体会其精神内涵、审美追求和文化价值。旨在引导学生通过阅读中华传统文化经典作品,积累文言阅读经验,培养民族审美趣味,增进对中华优秀传统文化的理解,提升对中华民族文化的认同感、自豪感,增强文化自信,更好地继承和弘扬中华优秀传统文化。

二、课程定位

语文课程是一门学习祖国语言文字运用的综合性、实践性课程。语文课程致力于培养学生的语言文字运用能力,提升学生的综合素养,为学好其他课程打下基础,这决定了语文课程的多重功能和奠基作用。学生的语文素养是在丰富的语言实践活动中主动建构起来的。语文活动包括阅读与鉴赏、表达与交流、梳理与探究三个方面,它们相互配合,共同构成语文实践活动系统。

本课是基于语文学科国家课程的校本创新实践。以高中语文古诗词教学作为研究主题,探索普通高中古诗词的课堂教学方式。关于古诗词教学,新课标中指出,文学作品鉴赏,要求感受和体验文学作品的语言、形象和情感之美,能欣赏、鉴别和评价不同时代、不同风格的作品,具有正确的价值观、高尚的审美情趣和审美品位。同时,根据诗歌、散文、小说、剧本不同的艺术表现形式,从语言、构思、形象、意蕴、情感等多个角度欣赏作品,获得审美体验,认识作品的美学价值,发现作者独特的艺术创造。

教学背景分析

【教学内容】

《蜀相》是人教版普通高中语文教科书选择性必修下册第一单元第3课的一首古诗。本单元属于中华传统文化经典研习学习任务群,人文主题是"诗的国度",要求体察古人的情感和生命思考,感受古诗词之美,获得情感浸润和审美体验;继承和弘扬中华优秀传统文化,提升对中华文化的认同感、自豪感,增强文化自信。单元学习要求围绕"诗意的探寻"展开研习,品味诗歌之美，感受古人的哀、乐、悲、欢，把握诗歌蕴含的传统文化精神，认识古典诗歌的当代价值。

《蜀相》是一首七言律诗，结构严整，法度森然。这首诗抒写了作者游览武侯祠的所见所感，表达了对诸葛亮才干、德行的称颂及对其"出师未捷身先死"的惋惜，也暗含感时忧国的情怀和以身许国的抱负。全诗情感深沉悲壮，有厚重的历史感。[1] 这首诗每个字都经过了精打细磨，每句话都经过了精心设计，初读似平常，只有反复咀嚼才能体会其韵味。

本诗作于唐肃宗上元元年（760年），为杜甫经历安史之乱，四处流寓，初到成都时所作。杜甫旅居蜀中九年，其间写了许多关于诸葛亮的诗作，共有十一首。如《登楼》《咏怀古迹》其四和其五、《古柏行》《武侯庙》《谒先主庙》《诸葛庙》《夔州歌十绝句》之九、《八阵图》和《阁夜》。本节课选取《古柏行》《武侯庙》《诸葛庙》三首，赏析这些诗作有助于理解杜甫的蜀中之思，感悟他当时的生命状态。

【学生情况】

高二年级学生已经初步具备赏析浅易古诗词的能力，学生较为熟悉以自主阅读、小组合作探究为主，教师指导赏析为辅的学习方式。不过，在赏析古诗词时，学生存在把握诗歌主旨不准确、表达不完整的情况。学生习惯于采用贴标签的形式赏析，在有限的知识储备中，根据诗歌的语言描写冠以"情"和"志"，缺少在真实理解基础上的赏析，尤其是难以感悟理解诗意。同时，学生学习古诗词的兴致不高，大部分学生把古诗词学习窄化为功利性较强的背诵和默写，没有认识到古诗词对个人成长的激励作用。因此，学生更喜欢在真实学习情境里赏析古诗词。

学生阅读杜甫的诗作，习惯于贴标签，常用"沉郁顿挫"来形容杜诗的风格，用忧国忧民来赏析其诗歌主旨，却鲜少结合诗歌的具体内容，赏诗人之情、析诗歌之志，这也恰恰是高二年级学生普遍存在的一个问题。同时，大部分学生在把握诗歌的意象到意境的过程中，存在着断层，难以根据诗歌的内容主动建构出意境。这是学生学习诗歌时普遍存在的问题，读杜诗尤其如此。

【教学方式】

自主阅读、合作探究、教师指导

【教学手段】

多媒体教学

教学目标

【教学目标】

1. 朗读《蜀相》，积累语言，体会作者情感。

2. 通过绘画、比较阅读等方式赏析诗歌，感悟诗人独特的生命思考。

3. 仿写诗句，提高学生赏析古诗词的能力，引导学生感悟生活中的诗意。

---

① 李亚婷. 统编高中语文教科书古诗词情境教学研究［D］. 扬州大学，2022.

续表

【教学重点】

引导学生从语言、意象、情感等角度赏析诗歌，感悟诗人独特的生命思考。

【教学难点】

仿写诗句，提高学生赏析古诗词的能力，增加文化积淀。

<table>
<tr><td colspan="5" align="center">教学过程</td></tr>
<tr>
<td>教学环节</td>
<td>教师活动（教师指导）</td>
<td>学生活动
（突出问题生成）</td>
<td>设计意图</td>
<td>时间</td>
</tr>
<tr>
<td>一、诗境导入</td>
<td>诗歌的本质是对生命的独特发现与表达。重读古诗，通过音韵、意境与独特的语言，我们能够感受到诗人对生命的思考。本节课我们将赏析《蜀相》，感悟杜甫在蜀中时期的生命思考。</td>
<td>1. 明确学习目标和活动形式。
2. 感受学习情境，明确学习任务。</td>
<td>创设真实学习情境，明确活动形式、要求，调动学生参与的积极性。</td>
<td>3分钟</td>
</tr>
<tr>
<td>二、诗文诵读
任务1：
反复诵读古诗，简要分析诗人之情及诗歌基调。</td>
<td>1. 明确"声传情"，古诗词具有很强的音乐性和音韵美，提出评价标准。
2. 明确研讨问题：《蜀相》表达了诗人怎样的情感？朗读时要用哪种语调？请结合诗句进行分析。
3. 播放学生诵读音频，师生评析。
4. 指导古诗词诵读，辨析重点词句。</td>
<td>1. 听读朗读音频，简要评析。
2. 分析问题，结合诗句辨析。
如，祠堂、寻、天下计、老臣心、身先死、泪满襟等。
3. 集体朗读。
4. 感悟诗人情感，结合诗句判断朗读语调。
5. 朗读练习。</td>
<td>引导学生反复诵读，进入作者的精神世界，借助于声音沟通作者，理解作品。</td>
<td>6分钟</td>
</tr>
<tr>
<td>三、诗情画意
任务2：
选取诗中意象，描摹出诗中之意境。</td>
<td>1. 明确"画达意"：中国传统艺术中诗画相通，诗歌不仅能够用语言建构一个优美的艺术境界，还能够用意象传递精神能量，显示诗人在特定时空下的生命状态。
2. 组织学生梳理：诗中有哪些意象？营造出何种意境？构图要用哪种色调？
3. 展示学生绘制插图并组织讨论。</td>
<td>1. 了解诗画艺术的相似性。
2. 辨析问题，再读感悟。
3. 解读插画寓意。
4. 结合诗句梳理诗词的象、画与诗境的构成，感悟诗境中的情与志。
5. 根据诗句辨析，进行填字练习。</td>
<td>引导学生通过为古诗画插图，梳理诗中的意象，发挥想象，用图画的艺术形式重构意境，以画解诗，在诗句品析中加深理解诗歌主旨。</td>
<td>8分钟</td>
</tr>
</table>

续表

三、诗情画意 任务2： 选取诗中意象，描摹出诗中之意境。	4. 结合重点词句分析诗中的象、画、境、意，引导学生进一步感悟诗情。 5. 引导学生辨析"自""空"两字，了解反衬艺术手法，并尝试替换字练习。			
四、诗性悟道 任务3： 阅读三首课外诗作，分析以《蜀相》为题的原因。	1. 明确"蜀中志"，引导学生辨析：比较阅读诗人在蜀中时期创作的三首诗：《古柏行》《武侯庙》《诸葛庙》，简要分析杜甫写诗之意。 2. 指导学生阅读并拓展古诗，感悟诗人在蜀中时的思考。	1. 结合研究资料拓展诗词，分析诗人在特定时空背景下的思与悟。 2. 对比赏析。	引导学生通过知人论世，并结合诗人在蜀中时期创作的三首古诗，感受诗人对生命的独特思考。	13分钟
五、诗人抒怀 任务4： 采用拟写古诗的方式，表达对诗人的理解。	1. 明确"心中道"，要求学生自拟两句五言或者七言古诗，抒发赏析《蜀相》后的感悟，并简要解释寓意。 2. 以闻一多的《色彩》为引，引导学生感悟诗人的生命色彩。	1. 感悟诗中描摹出的诗人生命色彩。 2. 根据自己对古诗的理解，进行写作练习，拟写七言古诗。	深入理解诗意，探寻诗人的生命色彩，并通过诗词写作观照社会。	8分钟

板书设计

蜀相

唐 杜甫

声传情，缓慢悲壮 ⎫
画达意，乐景哀情 ⎬ 满腔报国志
蜀中志，感时忧国 ⎭ 一颗老臣心

学习效果评价

【评价方式】

写作评价：在现实生活中，有许多以家国为己任的杰出人物，如陈祥榕烈士、袁隆平院士等，尝试采用古诗的表达方式，抒写对现实生活中某个人的情感。要求：1. 至少写出四句；2. 句式限五言或七言。

【学生实际获得】

1. 学习古诗词赏析方法、提高鉴赏能力。组织学生由读古诗到品古诗再到用古诗的形式抒己怀，引导学生在真实任务情境中学习，从朗读、绘画、文献分析等多角度赏析古诗词的方法，提高诗歌鉴赏能力。

2. 通过古诗词比较阅读，开拓学生阅读视野，尝试结合特定时空背景来理解诗人的生命状态。本节课选取诗人在同一时期创作的相关诗作，课内外比较阅读，既可以增进学生对所学古诗的理解，又可以扩大学生阅读优秀传统作品的范围，提高赏析古诗的能力，激发学生传承中华优秀传统文化的学习兴趣。

教学特色说明及教学反思

1. 新课标指出，文学作品鉴赏，要感受和体验文学作品的语言、形象和情感之美，能欣赏、鉴别和评价作品，从语言、构思、形象、意蕴、情感等多个角度欣赏作品，获得审美体验，认识作品的美学价值，发现作者独特的艺术创造力。本节课教学设计以古诗词赏析为线索，综合运用朗诵、绘画、比较阅读等方式，通过设置具体的研习任务，引导学生在完成任务的过程中深入理解诗意，将被动的学转化为主动的探究。学生在理解赏析的过程中，因声求气、由诗入画，能够激发其学习兴趣，开拓其学习古诗词的视野，将古诗词学习由机械的解析转化为融入自身体验的赏析。

2. 在教学目标达成方面，本节课通过设置学习任务的形式，引导学生在具体的学习情境中组织学习和研讨。任务一旨在通过反复朗读的方式，引导学生感悟古诗的音韵、节奏，借助对古诗中重点词语的理解，帮助学生感悟诗人的情感。任务二采用为古诗词配插图的方式，意在为学生搭建学习支架，帮助其建构一个由象到画再到境的学习路径，进而实现由言到象再到意的赏析过程。这样的古诗词赏析，就不仅是对一首诗的理解和赏析，而是尝试为学生建构一个古诗词赏析的学习模型。任务三设计了比较阅读，通过引导学生拓展阅读诗人在特定时空背景下的几首代表诗作，结合生活背景分析，由诗词赏析到对诗意的探寻，进而感悟诗人在特定时期的独特生命思考。这样的设计旨在引导学生加深对古诗词这种文学样式的理解，诗词不仅仅是朗读、默写和枯燥的赏析，它指向的是人的精神和生命状态，它能够帮助读者观照现实人生。杜甫在《蜀相》中对诸葛亮的缅怀和崇敬，建立在两者均以兴国为己任，个人的满腔热忱在字里行间流淌，一颗爱国之心，一个满头白发的老臣形象力透纸背，跃然而出。学生在赏析古诗词，探寻诗意的基础上，延展到探寻不同个体在特定时空背景下的生命状态，引导学生加深对古诗词的价值认同，在学习过程中，渗透德育思想。任务四在学习评价环节设计了一个仿写古诗句的环节，学生通过自拟两句七言古诗，表达对《蜀相》的理解。再分享寓意，进行艺术创造，体验传统文化的魅力。

3. 本节课将朗读、绘画、赏析与诗歌理解相结合，学习活动的每一个环节都是在赏析和理解，都是在建构诗歌之境，引导学生自主阅读、赏析、讨论，完整体验诗歌的赏析途径，并通过古诗词仿写练习，逆向赏析的过程，把课堂教学转换为学习能力提升的实践过程。通过设计学习任务群，课堂学习变成学生集中研讨、交流、解决问题的过程。课堂学习不是为解决某个问题而预设，而是学习本身就是在不断地发现问题，在阅读与思索中寻求自我解决的途径。这样的教与学，实现了学习的自主生长。

4. 本节课通过创设真实学习情境，将传统古诗词赏析教学转化为学生自主探究、讨论、思考和观照生活的过程。教师的教体现为学习过程的组织、调控、学习内容的参与、指导等，课堂教学围绕学生的学而展开，为了学生完成学习任务而发挥指导作用，学生在感悟、理解、思考、辨析中不断积累知识、积淀文化、丰富人生。

第十八章　自然科学素养类课程教学设计

第一节　案例导引

新课改强调在自然科学领域中采用"做中学、创中学、用中学"的学科实践活动，通过自主学习开展该类实践活动具有以下意义和价值：一是培养探究精神：自主学习鼓励学生主动提出问题、发表观点，并通过实践来验证和解答这些问题，培养学生的探究精神和科学思维方式。二是提高实践操作技能：自主学习能够使学生亲自进行实验、观察，收集数据和进行数据分析等实践操作，提高实践技能和实验设计能力。三是加深理论理解：自主学习鼓励学生主动查找和阅读相关文献资料，深入理解自然科学领域的基本理论知识，从而加强对知识的理解和运用能力。四是培养创新意识：自主学习能够激发学生的创新思维和自主探索能力，培养学生提出新问题和解决问题的能力，为其未来从事科学研究或创新工作打下基础。五是提高综合运用能力：自主学习促使学生在实践中将多个学科的知识进行综合运用，培养学生解决复杂问题、跨学科思维和协作合作的能力。六是提升学习兴趣和动力：自主学习的过程能够满足学生的好奇心和求知欲，提高他们主动学习的兴趣，激发其持续学习和探索的热情。七是培养终身学习能力：自主学习能够使学生学会自我规划和管理学习过程，掌握学科深入学习的方法和技巧，为其终身学习打下坚实的基础。

"大概念理念下'效率'的生活应用与物理分析"教学设计是基于对学生的调研数据，关注学生物理观念的形成及其科学探究与思维塑造的过程。整节课把学生思维的进阶作为主线，通过充分调动其口、手、脑的协调合作，使其推理和解决问题的能力得以锻炼和塑造，并设计了维度和层次比较明确的评价量规，对于学生提高学科兴趣、理解学科本质、提升学科思维都有很好的支架作用。案例充分展示了自主学习课堂在培养学生的探究精神、实践操作技能、理论理解能力、创新意识、综合运用能力以及学习兴趣和动力方面的支持作用。未来，结合改革方向和人才综合性发展的时代诉求，在情境创设的恰切性、巧妙性、复杂性以及问题设计的进阶性，资源的丰富性等方面，还可进一步深入探讨。

第二节　物理课程教学设计

大概念理念下"效率"的生活应用与物理分析

基本信息					
授课教师		相关学科	物理	年级	九年级
指导思想与理论依据					

【指导思想】

　　基于培养核心素养要求和物理学科特点，结合社会发展需要和初中物理课程标准，学生通过物理学习内化地带有物理学科性质的品质。物理学科核心素养包括物理观念、科学探究、科学思维、科学态度与责任。物理是一门以实验为基础的学科，探究实验贯穿于整个物理学习过程，探究也是学习物理的重要方法。探究型实验教学是教师引导学生自主学习的重要方式，它能帮助学生学会运用已有的知识和技能，充当新知识的探索者和发现者，通过设计方案、操作实验探索和解决问题。①

【育人理念】

　　对学科知识的基本理解和学科技能的基本掌握是具备科学素养的最基本要求，不能让学生被动接受知识，否则容易导致学生丧失学习兴趣，造成知识的过重负担。"效率"大概念的建立，是在深入理解物理学科特征的基础上所获得的对物理总观性的认识，让学生认识到物理观念建立的必要性，进而培育其科学兴趣、科学思维、科学精神、科学态度，充分体现科学学习的意义和价值。

【培养目标】

　　学生在学习了"机械效率"物理基础知识后，养成了良好的思维习惯，在解决实际生活中"效率"问题时能尝试运用科学原理和科学方法；培养学生经历基本的科学探究过程，具有初步的科学探究能力，在实践中有依靠自己的科学素养提高工作效率的意识；创新真实问题

---

　　① 涂富梅. 核心素养视域下初中物理探究性实验教学——基于《机械效率》教学视频的思考[J]. 广西教育，2019（21）：102-104.

情境，培养学生具有创新意识，能独立思考，勇于有根据地怀疑，养成尊重事实、大胆猜想的科学态度和科学精神；通过"效率"问题的思考，能够关心科学发展前沿，具有可持续发展的意识。

教学背景分析

【教学内容】

能量是贯穿初中物理课程标准的主线，课程标准中3.5.2从能量的转化和转移的角度认识效率，此条要求属于"认识"水平。要求学生能通过生产生活中的一些常见实例，分析能量在转化和转移过程中的能量损耗，进一步进行效率知识的学习，增强效率意识，运用能量转化和转移的观点分析物理现象的意识，探索日常生活中物理道理的乐趣。

能量的转化与守恒，效率与日常生活息息相关，是自然科学的核心内容之一，本课以效率知识为主线，更深层次反映了物质运动和相互作用的本质。对"效率"大概念的建立进行课程建构设计，从学生已有知识出发，通过发现生活效率问题、探索生活效率、解决效率场景、升华效率思维、解析生活效率等环节，提高学生的物理科学素养，在解决学业水平测试中涉及的效率问题时，能够让学生关注到物理概念建立的必要性和实际性。

【学生情况】

学生已经具备机械效率和热机效率、能量转移和转化的基本知识，能够进行相关效率的基本计算。但是学生仅限于分析以上学过的两种有关效率的问题，对于实际生活中的其他能量转化或转移所涉及的效率问题就不清楚了，例如电热、电力的问题。近年来，物理学业水平测试中对于知识的综合运用能力考察较深，需要学生能够运用效率的基本概念，分析不同能量之间转化或同种能量之间的转移，并清晰地理解转移效率。针对这一情况，有针对性地设计了一节"效率"大概念分析课，有意识地认识基于学生原有知识，拓展到所有涉及物理效率概念分析问题的科学方法，帮助学生学会自我建构并运用物理概念。

【教学方式】

讲授法、演示法、实验法

【教学手段】

多媒体演示、演示实验、学生实验

教学目标

【教学目标】

物理观念：

1. 通过分析具体实例，能够说出常见的物理过程中能量的转化形式和转移方向。

2. 通过分析具体实例，能够理解并运用输出能量与输入能量的比值，即能量转化的效率。

3. 能够运用基本公式进行简单计算。

科学探究与科学思维：

1. 通过测量效率的实验，帮助学生认识并理解能量的转化和守恒定律。

2. 联系实际，学会观察、思考和分析问题的方法，课堂上动脑、动口、动手，学做合一，落实做中学的物理方法，逐步提升分析问题、解决问题的能力。

科学态度与责任：

1. 学生经历学习效率过程，逐步体会《义务教育物理课程标准（2022 年版）》中包含的可持续发展的思想。

2. 通过合作探究，养成交流合作的团队意识和与人共处、合作学习的习惯。

3. 通过联系生活，关注能源的利用率，形成关心环境的意识，乐于探索自然现象、探究物理规律的情感。

【教学重点】

1. 知道常见的物理过程中能量的转化形式和转移方向。

2. 理解并运用输出能量与输入能量的比值来计算效率。

3. 学会画出能量转化示意图，并利用该示意图分析能量转化和守恒的效率问题。

【教学难点】

通过对机械效率的复习，构建"效率"大概念，有效迁移所学知识，解决实际问题。

教学过程				
教学环节	教师活动（教师指导）	学生活动	设计意图	时间
生活效率现象	生活中的效率小调查 展示学生有关"效率"小报，分享能量转移和转化过程，引发"效率"的思考。 复习机械效率实验 	学生调查 学生展示自制的"效率"小报，复习能量转移和转化过程。 学生复习	激发学生学习的积极性引导学生进行知识迁移，分析能量转化及转移的效率问题，构建效率知识。	5min
探究生活效率	 【实验分析】该装置的能量转化过程，分析输出功和输入功分别是什么？如何计算？ 【实验】测量电动机的工作效率？	学生依据在八年级已经做过的机械效率实验，设计学生动手实验，搭设真实情境，引导学生通过实验计算"效率"。	通过探究实验，培养学生设计实验、操作实验的能力。利用真实情境分析并计算"效率"，更加有利于学生理解"效率"。	15min

探究生活效率	【原理】 $\eta = W_{输出}/W_{输入} = F_拉 h/UIt$ 【实验步骤】 1. 连接电路； 2. 利用弹簧测力计测量钩码重力 G，闭合开关，匀速提升钩码高度 h，同时记录电压表示数 U 和电流表示数 I，及所用时间 t； 3. 换不同重力的钩码按照步骤2多次重复实验； 4. 依据 $\eta = W_{输入}/W_{输出} = F_拉 h/UIt$ 计算效率。	学生根据实验设计操作实验。	培养小组合作意识，组内合理分工协作。	
解决效率场景	【再认识效率】 　　展示火力发电机模型及其工作过程。 　　【提问】请同学们分析内燃发电机的能量转化过程。 　　【提问】如果想得到发电效率，你能设计出计算的方法吗？	引导学生复习内燃机和发电机的能量转化过程。学生设计方案能够得到总能量（利用酒精燃料燃烧产生热量 $Q = mq$），转化的电能（利用 $W = UIt$）。	结合模型，从能量转化的角度认识效率，同时思考效率的计算方法。	10min
升华效率思维	【归纳总结】能量可以从一种形式转化为另一种形式，要实现这种能量的转化需要一定的设备，由于设备本身的限制，不可能实现全部能量的转化，这就出现了效率的问题。 $$\eta = \frac{W_{输出}}{Q_{输入}} = \frac{UIt}{mq}$$	学生归纳	科学思维地建立，归纳总结效率概念建立。	

续表

生活效率解析	列举实际生活中的能量转化效率实例。 汽车旅行、天然气热水器工作过程、太阳能路灯、充电电池工作等。	学生思考		5min
效率概念小结	$$\eta = \frac{W_{输出}}{Q_{输入}} = \frac{UIt}{mq}$$ （2021 初三物理朝阳一模）如图17甲为一款陶瓷电煎药壶，其简化的工作电路如图17乙所示，R_1 和 R_2 均为电加热丝。它在开始工作时先武火档快速加热，当药液的温度达到98℃时自动跳到文火挡慢熬，药液熬制一段时间后自动跳到保温档防止药液烧干。电煎药壶正常工作时，武火快速加热功率500W，文火慢熬功率为100W，某次煎药时药液的温度与电煎药壶工作时间的关系如图17丙所示。（1）分析图像可知，电煎药壶武火加热前半段时间的加热效率____后半段时间的加热效率。（选填"大于""等于"或"小于"）	学生小结	在实际生活中，能量的转化效率是较低的，提升学生节约能源、有效利用能源的意识，形成可持续发展观念。 有效地总结本节课学习的内容。 学生反馈练习，运用"效率"大概念解决实际生活中的问题。	5min

板书设计

续表

学习效果评价

【评价方式】

1. 评价内容

（1）学生在课上的注意力是否集中及其对问题的感兴趣程度。

（2）学生讨论交流后所得结论是否正确。

（3）学生探究实验完成的效果。

（4）课上提问学生回答的正确率。

（5）课后习题解答的正确率。

2. 评价量规

评价项目	优	良	中	得分
学生在课上的注意力是否集中及其对问题的感兴趣程度（20分）	15—20分	8—14分	0—7分	
	注意力非常集中，对所研究问题十分感兴趣	注意力比较集中，对所研究问题不是很感兴趣	注意力不太集中，对所研究问题缺乏兴趣	
学生讨论交流后所得结论是否正确（20分）	15—20分	8—14分	0—7分	
	积极参与讨论交流并能得出正确结论，或对问题的归纳很有条理	愿意参与讨论交流并能得出部分结论，或对问题的归纳比较有条理	不愿参与讨论交流或无法得出正确结论，对问题的归纳缺乏条理	
学生探究实验完成的效果（30分）	21—30分	10—20分	0—9分	
	小组内能根据所给器材制订完善的实验方案、实验中操作规范、得出正确的实验数据及结论	组与组之间交流或者在教师的指导下完成实验方案的制订、能比较顺利地完成实验、得出相应的结论	在教师的指导下完成实验方案的制订、不能完成实验操作、得不出实验结论	
课上提问学生回答的正确率（15分）	11—15分	7—10分	0—6分	
	积极回答问题并且回答得完全正确	愿意回答问题并且答案基本正确	不愿回答问题并且很少回答正确	
课后习题解答的正确率（15分）	11—15分	7—10分	0—6分	
	课后习题的解答完全正确	课后习题的解答大部分正确	课后习题的解答基本不正确	

【学生实际获得】

1. 学生运用旧知探索新知，加深对知识的理解，沟通了新旧知识的内在联系，学生从"被动接受"变为"主动汲取"，学会自主学习。

2. 学生能够仿照机械效率实验设计"电转化效率"实验，并可以从中认识其他形式的能量转移或转化中涉及的效率问题。

3. 学生认识到效率问题的本质就是利用输出的有用能量与输入的总能量的比值，生活中可以利用效率来描述各种设备的性能优劣。学生能够正确找到输出的有用能量和输入的总能量，解决各种有关效率的问题。

教学特色说明及教学反思

一、教学特色

1. 提高效率解决实际问题

提高机械效率可以充分发挥机械设备的作用，对节能减排、提高经济效益有重要意义。但在实际的生产和生活中很多设备的转化效率其实很低，例如火力发电厂的发电效率只有40%左右，太阳能路灯的照明效率只有不到50%，内燃机汽车的电力转化效率只有30%。如何提高效率呢？这就需要进一步了解能量转移和转化的具体过程，在哪个环节上损失的能量比较多，通过对这个环节的设备性能、工作流程等加以完善，从而提高能量转移和转化的效率。

2. 利用效率的基本概念解决考试题目

目前的物理学业水平试题中已不再局限于考查热机效率和机械效率的问题，那如何帮助学生解决各种类型的效率问题呢，就是利用效率的基本概念，即输出能量与输入能量的比值。首先要找到输出的有效能量和输入的总能量，依据能量的形式进行深入分析，找到输出能量和输入能量的计算公式，代入效率公式中进行比较或者计算，从而解决效率问题。

二、教学反思

能量转化和守恒定律是自然界最普遍、最基本的规律之一，它是人类认识自然和改造自然的有力武器。"效率"问题的研究是进一步利用能量转化与守恒的观点分析和解决问题的意识，促进学生关注生产、生活中有关能量转化与守恒的物理问题。本节课是一节九年级专题复习课，以学生已学过的"机械效率"为切入点，引入"效率"大概念，围绕核心概念进行设计，能够很好地培养学生的物理核心素养，帮助学生建立广泛的效率知识，树立工作、学习的效率意识。

1. 物理生活化，养成"物理观念"

本节课以学生已经学过的"机械效率"为切入点，引导其联系生活中的"效率"问题，意识到建立"效率"大概念的必要性；在课堂教学的最后回归生活实际，以实际问题的解决落实本节课的目标达成度，让学生运用物理知识解决实际问题，正确运用物理概念。

续表

2. 创设情境，引导"科学探究"

课堂上创设"电力转化效率"实验，注重整体知识的形成过程。学生运用机械效率的知识，设计实验方案，积极参与课堂探究过程活动。教师教会学生自主学习方式，提供探究的实验器材，帮助学生体验实验探究的成功。学生的纵向思维得以延伸，横向的知识得以拓展，从而培养了其"科学探究"精神。

3. 小组合作，形成了"科学态度与责任意识"

通过分组实验，学生不仅学到了知识，还通过科学的方法体验到了科学探究的乐趣。与此同时，学生通过物理学习增强了效率意识、成本意识，树立了科学的态度与责任意识。物理教学服务于学生的自主学习，服务于学生的真实生活，服务于学生生命成长的理念在本节课得到了很好的体现。①

4. 问题解决，培养"科学思维"

本节课中积极引导学生参与课堂活动，充分调动了学生的学习积极性。在学习过程中，学生自主学习、探究学习、体验学习，其中既有知识回顾，也有知识的拓展运用，还有合作式的探究，从已学过的知识中挖掘物理概念建立和运用的重要性，积极创设实际生活中的情境，达到"以旧拓新"的效果，最终培养学生自主运用科学思维方法去分析和解决实际问题的能力。

本节课在核心素养的四个方面都做了精心的设计，但在分层实施的方面没有更有效的设计，导致部分学生在探究的过程中跟不上节奏，这对后续的各个环节都是有一定影响的。同时也发现有关效率的更深层问题，还不能带领学生了解得更透彻，会在课后拓展的部分，为学生设计主题活动，由学生组成小组进行研究性学习，发挥学生的主观能动性，形成基于效率问题的研究性报告。

---

① 涂富梅. 核心素养视域下初中物理探究性实验教学——基于《机械效率》教学视频的思考［J］. 广西教育，2019（21）：102-104.

结　语

在人文社会领域学科中，新一轮课程改革主张要通过跨学科主题学习活动来进行综合学习。在以主题统领的学科与跨学科活动中，自主学习在如下方面对学生的学习有促进作用：一是深入理解学科知识。自主学习鼓励学生主动研读相关文献，提高其对人文社会科学领域理论知识的理解，从而促使他们将课堂学习与实际应用相结合；二是培养批判思维能力。自主学习要求学生积极思考问题、发现问题，并通过实践解决问题，在这个过程中培养学生的批判思维能力和分析能力；三是增强实践操作能力。自主学习能够使学生主动实践调查方法、采集数据、分析数据，从而培养其实践操作能力和研究技能，为其终身成长中所需的社会技能打下基础；四是培养综合运用能力。自主学习鼓励学生将多个学科知识相结合，综合运用于实践项目中，在解决实际问题的过程中培养学生综合能力和创新思维；五是提高人际交往和合作能力。自主学习促使学生进行小组合作、社会调查等实践活动，并在合作过程中提高学生的沟通、人际交往和团队合作能力；六是培养社会责任感。自主学习能够使学生更加关注社会问题和社会实践活动，培养学生的社会责任感和社会参与意识等。

政治教学设计"在劳动和奉献中筑梦人生"指向"人生价值如何实现"这一终极问题，通过设计学习任务和实践活动，让学生以小组合作的方式探究劳动精神、工匠精神、劳模精神和企业家精神，并学会运用四种精神的内涵分析相关人物的事迹，引导学生成为劳动精神的践行者和传承者。

地理教学设计"因地制宜发展农业——以平谷区大桃产业为例"选择学生熟悉的平谷大桃产业为研究对象，通过运用高效、趣味的授课工具、新颖创意的微课，设置任务式活动。小组合作探究，展示学习成果，切实地考量到了人地关系、综合思维、区域认知、地理实践力等学科素养的养成，调动了学生主体性的参与意识，最终落脚到"结合北京市对平谷发展绿色经济的定位，仿照例子，你有什么好的建议吗"的综合问题解决上。

历史教学设计"中国外交　国家命运"作为复习课，巧妙地通过几个关键性事件将历史脉络和当前国家发展的时代命题联系在一起，在时代主题的线索带领之下，对单元知识进行概括梳理，讲练结合。将典型例题与本专题知识相结合，既能对知识进行运用，也能对中考题型进行训练，是一堂基于学生学情与学科思维进阶性的非常有价值的复习课，既提供学习支架与空间，又给予学习评价与反馈。

自主学习是以学生为中心，让学生自己做主，通过阅读、观察、探究、思考最终完成教学任务。"在平面直角坐标系中初探与三角形面积有关问题"教学设计中，不是由教师直接给出结论性知识，而是以问题形式引导学生实践、思考、探索、交流自主总结，从而获得知识，并在这一过程中学会探究和解决问题，实现能力的提升。教学过程经历较为明确的五个阶段：学生在课前独立完成 4 分钟的微视频——师生共同归纳建立"数形结合"的数学思想与方法——信息技术支持下的合作探究与问题解决——师生共同归纳直角坐标系的工具作用，并得出相关结论——进一步拓展提升迁移。同时，我们知道数学有一定的抽象性，要特别重视知识生成的过程，需要学生具有一定的逻辑推理能力和空间想象能力。当学生在自主学习的过程中遇到困难时，需要教师为学生提供一定的助力。相对于教师单一的讲授法，该教学设计应用信息技术不仅能够多样化、人性化地给学生呈现知识，而且能够满足学生独立学习的需求，为学生的自主学习助力。①

《义务教育英语课程标准（2022 年版）》明确提出："使学生养成良好的学习习惯和形成有效的学习策略。用英语的过程中学会如何学习，发展自主学习的能力。"课程改革为培养学生的自主学习能力提供了条件和操作平台，在新教材中很多部分是要求学生去自主探究、收集整理分析资料、自主获取新知识、分析解决问题等，要求学生有较高的自主学习能力。"太空探索"和"Making Plans"这两个选题可以为学生进行自主语言建构和输出提供足够的空间，非常适合组织学生开展自主学习的内容。

太空探索中教师设计"学习理解——应用实践——迁移创新"的学习路

---

① 何胜斌. 小学数学教学中培养学生自主学习能力初探［J］. 学周刊, 2022（06）：135-136.

径，通过采取激活→感知→梳理→内化→迁移的步骤来设计课堂活动，让学生主动积极地参与到活动之中，通过学习活动强化对知识的理解和内化，提升其迁移创新能力。"Making Plans"根据"在学中用，在用中学，学了就用，边学边用"的原则，为学生提供自主学习和直接交流的机会，以及充分表现和自我发展的空间。鼓励学生通过体验、实践、合作、探索等方式，发展听、说、读、写的综合能力。值得一提的是，两个教学过程都关注了学生语言学习与输入的基础内容，并不盲目执着于热热闹闹地"假探究"活动，既保留了对基础知识与基础能力的夯实，也设计了具有驱动性的进阶性学习探究任务，同时针对任务形成了相应的学习评价，是值得借鉴的英语自主学习案例。

自信教育，赋予每一个孩子自信的活力、张扬的个性。自主学习，激发每一个个体以生命的自主、个人的主体。自信与自主，既似教育与学习，又似课程与教学，需要每一个个体在寻找生命的过程中不断走向自主。

参考文献

［1］庞维国. 论学生的自主学习［J］. 华东师范大学学报（教育科学版），2001（02）：78-83.

［2］程晓堂. 论自主学习［J］. 学科教育，1999（09）：32-35，39.

［3］郭华. 跨学科主题学习的意义与特征［J］. 中国基础教育，2022（12）：17-20.

［4］谭霞，张正厚. 英语学习策略、自主学习能力及学习成绩关系的分析［J］. 外语教学理论与实践，2015（01）：59-65，88，96-97.

［5］竺建荣. 探究学生心理　培养自主学习能力［J］. 林区教学，2005（03）：15.

［6］何莲珍. 自主学习及其能力的培养［J］. 外语教学与研究，2003（04）：287-289.

［7］姚小萍. 引导学生自主学习教学策略的研究——高中生物教学改革之一［D］. 福建师范大学，2003.

［8］龙成志，刘志梅. 学习动机对自主学习行为的影响：以学习能力为中介［J］. 应用心理学，2016，22（03）：203-210.

［9］庞维国. 自主学习理论的新进展［J］. 华东师范大学学报（教育科学版），1999（03）：68-74.

［10］余文森，王永，张文质. 让学生发挥自学潜能　让课堂焕发生命活力——福建省中小学"指导—自主学习"教改实验研究总结［J］. 教育研究，1999（03）：58-63.

［11］李纪，许波. 人本主义心理学在自主学习中的作用［J］. 现代远距离教育，2005（05）：29-31.

［12］庞维国. 从自主学习的心理机制看自主学习能力培养的着力点［J］. 全球教育展望，2002，31（05）：26-31.

［13］霍华德·加德纳. 多元智能［M］. 沈致隆，译. 北京：新华出版

社，1999.

[14] 伊·谢·科恩. 自我论 [M]. 佟景韩，等译. 北京：三联书店，1986.

[15] 董奇，周勇，陈红兵. 自我监控与智力 [M]. 杭州：浙江人民出版社，1996.

[16] R.J. 斯腾伯格. 成功智力 [M]. 吴国宏，钱之，译. 上海：华东师范大学出版社，1999.

[17] 施良方. 学习论 [M]. 北京：人民教育出版社，2000.

[18] 张爱华，刘毅玮. 学生学习活动 [M]. 石家庄：河北教育出版社，2001.

[19] 魏书生. 魏书生文选 [M]. 桂林：漓江出版社，1995.

[20] DALE SCOTT RIDLEY，BILL WALTHER. 自主课堂 [M]. 沈湘秦，译. 北京：中国轻工业出版社，2001.

[21] SCOTT G. PARIS，LINDA R. AYRES. 培养反思力 [M]. 袁坤，译. 北京：中国轻工业出版社，2001.

[22] A. 班杜拉. 思想和行动的社会基础——社会认知论 [M]. 林颖，等译. 上海：华东师范大学出版社，2001.

[23] 钟启泉，张华. 世界课程改革趋势研究 [M]. 北京：北京师范大学出版社，2001.

[24] 周仲秋. 从人在社会关系中的自主性看人的发展 [J]. 科学社会主义，2002（02）：13-15.

[25] 徐名松，刘保锋. 信息化校本研修平台赋能教师教学能力提升 [J]. 中小学数字化教学，2023（02）：77-81.

[26] 董奇，周勇. 论学生学习的自我监控 [J]. 北京师范大学学报（社会科学版），1994（01）：8-14.

[27] 林众，冯瑞琴，罗良. 自主学习合作学习探究学习的实质及其关系 [J]. 北京师范大学学报（社会科学版），2011（06）：30-36.